Ekkehard Kaier

Informationstechnische Grundbildung MS-DOS

Ekkehard Kaier

Informationstechnische Grundbildung MS-DOS

Mit vollständiger Referenzliste

Friedr. Vieweg & Sohn   Braunschweig / Wiesbaden

CIP-Titelaufnahme der Deutschen Bibliothek

Kaier, Ekkehard:
Informationstechnische Grundbildung MS-DOS:
mit vollständiger Referenzliste / Ekkehard Kaier. —
Braunschweig; Wiesbaden: Vieweg, 1989
    (Viewegs Fachbücher der Technik)
    ISBN-13: 978-3-528-04685-9   e-ISBN-13: 978-3-322-85744-6
    DOI: 10.1007/978-3-322-85744-6

Das in diesem Buch enthaltene Programm-Material ist mit keiner Verpflichtung oder Garantie irgend-
einer Art verbunden. Der Autor und der Verlag übernehmen infolgedessen keine Verantwortung und
werden keine daraus folgende oder sonstige Haftung übernehmen, die auf irgendeine Art aus der
Benutzung dieses Programm-Materials oder Teilen davon entsteht.

Der Verlag Vieweg ist ein Unternehmen der Verlagsgruppe Bertelsmann.

Umschlaggestaltung: Hanswerner Klein, Leverkusen

ISBN-13: 978-3-528-04685-9

Vorwort

Software-Tools ermöglichen es dem Benutzer, Probleme am PC in bedienungsfreundlicher Umgebung zu lösen. Zählt man die Programmiersprachen zu den Software-Tools, ergeben sich zum Beispiel folgende Bereiche:
— Betriebssystem (z. B. MS-DOS, OS/2 bzw. PS/2)
— Maschinennahe Programmentwicklung (z. B. 8086-Assembler)
— Strukturierte Programmentwicklung (z. B. Basic, C, Pascal)
— Datenbanksystem (z. B. dBASE, SQL)
— Tabellenkalkulation (z. B. Multiplan, Excel)
— Textverarbeitung (z. B. Word, WordStar)
— Integrierte Software (z. B. Framework, Lotus 1-2-3, Works)
— Computer Assisted Design, CAD
— Desktop Publishing, DTP
— Steuerung und Regelung

Die *moderne informationstechnische Grundbildung* schließt Grundkenntnisse in der Anwendung ausgewählter Software-Tools ein.

MS-DOS: Im vorliegenden Buch wird eine Einführung in den Umgang mit den bedienungsgleichen Betriebssystemen MS-DOS, PC-DOS bzw. IBM-DOS gegeben. Das Buch gliedert sich in einen Einführungs- und einen Referenzteil.
— Einführungsteil: Interne und externe Befehle, Verzeichnisbefehle, Stapelprogrammierung in der Befehlszeilen-Oberfläche und in der Menü-Oberfläche.
— Referenzteil: *Sämtliche* Befehle, Menügruppen und Menüpunkte zum Betriebssystem MS-DOS 4.0 mit Verweisen zu den Versionen MS-DOS 2.x und MS-DOS 3.x.

Heidelberg, im Januar 1989   *Dr. Ekkehard Kaier*

Inhaltsverzeichnis

Informationstechnische Grundbildung MS-DOS

Aktives Laufwerk: Das Prompt "A>" besagt, daß das Diskettenlaufwerk A: als aktives Laufwerk bzw. Standardlaufwerk eingestellt ist. Der Cursor steht hinter dem ">"-Zeichen. MS-DOS wartet auf eine Eingabe des Benutzers und bezieht diese auf A: als derzeit aktives Laufwerk. Das Laufwerk A: wird auch als Bootlaufwerk bezeichnet, da es MS-DOS enthält.

```
Systemdatum: Di, 1.01.1980
Neues Datum eingeben (tt.mm.jj): 30.11.88
Zeit ist:  18.30.03,08
Neue Zeit eingeben (hh.mm.ss): 20.15
A>
```

Möglicher Bildschirmdialog beim Booten: Nach Eingabe von Datum und Uhrzeit meldet sich MS-DOS mit "A>" als Prompt

Zustand des Systems nach dem Booten: In Laufwerk A: befindet sich die Bootdiskette, in Laufwerk B: eine beliebige Anwenderdiskette. Ein Teil des RAM ist mit den internen Befehlen von MS-DOS belegt.

```
|Laufwerk|E/A|CPU|ROM|  RAM (Arbeitsspeicher) |
|--------|---|---|---|-----------------------|
|A:      |   |   | L |  ______________________
|System- |   |   | a || Interne Befehle MS-DOS||
|Diskette|   |   | d ||______________________ |
|MS-DOS  |   |   | e |                        |
|        |   |   | P |                        |
|B:      |   |   | r |                        |
|Anwender|   |   | o |                        |
|Diskette|   |   | g |                        |
|        |   |   | r |        freier          |
|        |   |   | a |        RAM             |
|C:      |   |   | m |                        |
|        |   |   | m |                        |
|        |   |   |   |                        |
|        |   |   |   |                        |
```


Zustand des PCs nach dem Booten

MS-DOS von einer bootfähigen Diskette starten: Eine bootfähige Diskette ist eine startfähige Diskette. Sind z.B. auf einer dBASE-Diskette oder

einer Turbo Pascal-Diskette die zum Booten erforderlichen Teile von MS-DOS gespeichert, kann diese als Bootdiskette verwendet werden. Nach dem Booten kann das System wie folgt reagieren:
- Erste Möglichkeit: MS-DOS meldet sich mit seinem Prompt "A>". Dieses Prompt kann auch in abgewandelter Form am Bildschirm auftauchen, wie z.B. als "A:\>".
- Zweite Möglichkeit: MS-DOS lädt automatisch das entsprechende Programm wie z.B. dBASE, das sich dann mit seinem Prompt "." meldet.

1.1.2 MS-DOS von der Festplatte starten

Um von der Festplatte aus zu booten, geht man in vier Schritten vor:

1. Standardlaufwerk A: entriegeln.
2. Angeschlossene Geräte einschalten (z.B. Drucker).
3. PC einschalten.
4. MS-DOS wird von Festplattenlaufwerk C: gebootet.

Nach dem Einschalten des PCs wird stets im Standardlaufwerk A: gesucht. Befindet sich darin keine Diskette bzw. ist das Laufwerk entriegelt, wird automatisch auf der Festplatte von Laufwerk C: nach dem Bootprogramm gesucht. Wichtig:

> *Soll das Betriebssystem von der Festplatte in C: gebootet werden, so muß das (Boot-)Laufwerk A: leer bzw. entriegelt sein.*

Nach Abschluß des Bootvorgangs sind wiederum zwei Möglichkeiten denkbar:
- MS-DOS meldet sich z.B. mit "C>" als seinem Prompt.
- MS-DOS aktiviert automatisch ein anderes Programm wie z.B. dBASE oder Word, das sich dann mit seinem Prompt (z.B. "." bei dBASE) bzw. seiner Benutzeroberfläche (z.B. Word mit dem Befehlsmenü am unteren Bildschirmrand) meldet.

1.1.3 Von der Menü-Oberfläche zur Befehlszeile

Die Menü-Oberfläche meldet sich: Meldet sich MS-DOS nach dem Booten nicht mit der Befehlszeile und dem Promptzeichen A> bzw. C>, sondern mit dem Hauptmenü der Menü-Oberfläche, dann hat dies folgende Ursachen:

a) In der Datei CONFIG.SYS wird der Befehlsprozessor mit dem Befehl SHELL=C:\COMMAND.COM geladen und gestartet (Abschnitt 2.1.1.3).

b) In der Datei AUTOEXEC.BAT wird mit SET COMSPEC=C:\COMMAND.COM in der Umgebungsvariablen COMSPEC angegeben, daß der Befehlsprozessor im Stammverzeichnis \ der Festplatte C: gespeichert ist.

c) Als letzter Befehl der Datei AUTOEXEC.BAT wird mit DOSSHELL die Stapeldatei DOSSHELL.BAT aufgerufen, die wiederum die Menü-Oberfläche aufruft.

Menü-Oberfläche mit Ende verlassen: Über den Ende-Befehl bzw. F3 das Menü verlassen; am Bildschirm erscheint das DOS-Promptzeichen. Man kann nun so lange am Prompt arbeiten, bis EXIT eingegeben wird.

Keine Rückkehr aus der Befehlszeilen-Oberfläche zur Menü-Oberfläche mit EXIT möglich: Wird der EXIT-Befehl nicht ausgeführt, so kann dies folgende Ursachen haben:

- In der Datei DOSSHELL.BAT fehlen die entsprechenden Parameter im SHELLC-Befehl (vgl. Abschnitt 2.1.2.1).
- In der Datei CONFIG.SYS fehlt der SET COMSPEC-Befehl (vgl. Abschnitt 2.5.3.5), DOS kann den Befehlsprozessor nicht finden.

Nach dem Booten soll automatisch die Befehlszeilen-Oberfläche aktiviert werden: Dazu ist von den obigen drei Punkten nur c) zu ändern; der Befehl DOSSHELL muß aus der Datei AUTOEXEC.BAT entfernt werden. Aktivieren Sie ein Textverarbeitungsprogramm und speichern Sie AUTO-EXEC.BAT ohne DOSSHELL (natürlich unformatiert) ab.

Aufgabe 1.1/1: Starten von MS-DOS in der Befehlszeilen-Ebene.
a) Beschreiben Sie den Vorgang des Bootens bei Ihrem PC.
b) Wieviele Dateien liegen vor?
   PRO1, pro1, pRo1, Pro 1 und pr01
c) Welche Information gibt das Promptzeichen?
d) Welche DOS-Befehle befinden sich nach dem Booten im RAM?
e) Welche Bezeichnung hat das Standardlaufwerk von MS-DOS?

1.2 Wichtige interne Befehle von MS-DOS

MS-DOS-Befehle sind MS-DOS-Programme: Auf der Systemdiskette oder der Festplatte sind die Programme des Betriebssystem MS-DOS gespeichert. Jedes Programm hat einen Namen und kann vom Benutzer wie ein Befehl durch Eingabe seines Namens aufgerufen und aktiviert werden. Anders ausgedrückt: Jedes Befehlswort von MS-DOS stellt gleichzeitig den Namen eines Systemprogramms von MS-DOS dar.

Interne Befehle: Interne Befehle wurden beim Booten von der Systemdiskette in den RAM geladen. Rufen Sie solche Befehle auf, dann muß die Systemdiskette nicht im aktiven Laufwerk einliegen. Der Befehl befindet sich ja bereits im RAM. Man spricht von *internen Befehlen*, da diese im RAM als Internspeicher präsent sind.

Externe Befehle: Ruft man einen *externen Befehl* durch Angabe seines Namens auf, dann muß das betreffende MS-DOS-Programm zunächst von der Systemdiskette in den RAM geladen werden, bevor es ausgeführt werden kann. Aus diesem Grunde erhält es eine Fehlermeldung, wenn zum Zeitpunkt des Eintippens eines externen Befehls keine Systemdiskette im aktiven Laufwerk gefunden wird.

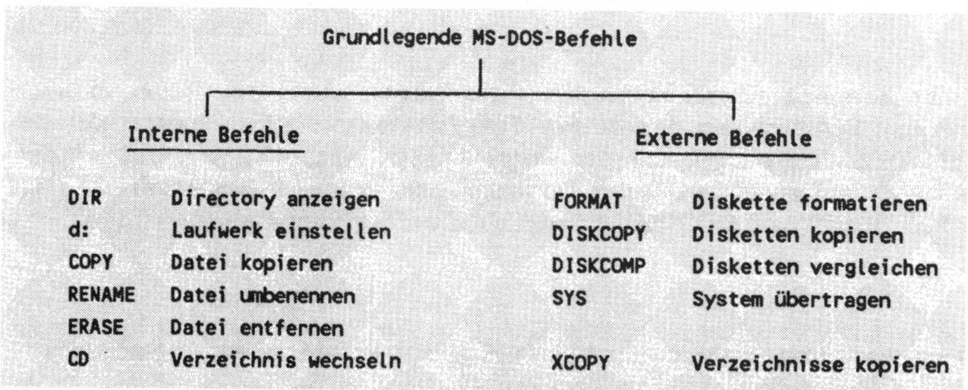

Wichtige interne und externe Befehle von MS-DOS

1.2.1 Inhaltsverzeichnis der Platte anzeigen mit DIR

Aufgabe des Befehls DIR: Mit dem Befehl DIR kann man sich das Inhaltsverzeichnis (engl. Directory) einer Platte am Bildschirm anzeigen lassen.

Format des Befehls DIR:
Die einfachste Form des Befehlsaufrufs lautet DIR. Die in eckige Klammern gesetzten Angaben sind optional und können auch weggelassen werden.

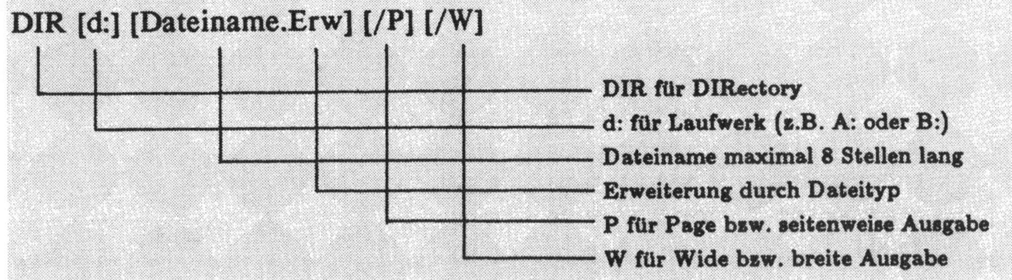

Format des Befehls DIR

Beispiel zum Befehl DIR: Im wiedergegebenen Bildschirmdialog ist DIR als Eingabe des Benutzers durch Unterstreichen gekennzeichnet. Die rechts angegebenen Ziffern 1) bis 4) wurden nicht vom PC ausgegeben, sie markieren Erklärungen wie folgt:

1) Da MS-DOS jede Eingabe in Großbuchstaben umsetzt, kann man auch auch dIR, dIr, DIR usw. eintippen. DIR befiehlt "Zeige das Directory der Diskette im aktiven Laufwerk an".

2) MS-DOS findet eine Diskette im aktiven Laufwerk und meldet, daß sie als Datenträger den Namen DOS_WEGWEIS und die Nummer 2442-32C4 hat.

3) Die Dateien werden aufgelistet. Zu jeder Datei werden folgende Angaben angezeigt (Beispiel: COMMAND als 3. Datei):

   - Dateiname COMMAND

   - Dateityp COM

   - Speicherplatz 38523 Zeichen (Bytes)

   - Datum der letzten Speicherung 29. August 1988

   - Zeitangabe 8 Uhr

   COMMAND.COM ist der Befehlsprozessor von MS-DOS und umfaßt u.a. die internen Befehle.

4) 12 als Anzahl der derzeit auf Platte abgelegten Dateien.
   117760 Zeichen als derzeit noch freier Speicherplatz.

```
A:>dir                                              1)
Datenträger in Laufwerk B ist DOS_WEGWEIS           2)
Datenträgernummer: 2442-32C4
Verzeichnis von B:\


ANSI     SYS     9149 29.08.88     8.00
AUTOEXEC BAT       31 30.11.88    19.13
COMMAND  COM    38523 29.08.88     8.00            3)
CONFIG   SYS       82 30.11.88    19.09
COUNTRY  SYS    12838 29.08.88     8.00
DISKCOPY COM    10540 29.08.88     8.00
FORMAT   COM    23211 29.08.88     8.00
KEYB     COM    14899 29.08.88     8.00
KEYBOARD SYS    23360 29.08.88     8.00
SYS      COM    11600 29.08.88     8.00
VDISK    SYS     6443 29.08.88     8.00
XCOPY    EXE    17279 29.08.88     8.00
        12 Datei(en)      117760 Byte frei           4)
```

Inhaltsverzeichnis der Systemdiskette mit Befehl DIR anzeigen

Dateibezeichnung: Die Dateibezeichnung besteht aus dem Dateinamen, dem Dateityp als Erweiterung und ggf. einer vorangestellten Laufwerksangabe:

- Der Dateiname ist maximal 8 Zeichen lang.
- Der Dateityp ist maximal drei Zeichen lang. Wichtige Dateitypen: BAT (Batch bzw. Stapel), SYS (System), COM (Command), EXE (Executable bzw. ausführbare Datei), BAK (Back-Up bzw. Kopie), BAS (BASIC), DBF (DBASE File bzw. dBASE-Datei), DOC (Documentation), PAS (Pascal), PRG (Programm), SIK (Sicherungskopie), TXT (Text).
- Laufwerksangabe A:, B:, C:, ... zur Kennzeichnung des Laufwerks, in dem die Datei zu suchen ist. Bei fehlender Angabe wird im aktiven Laufwerk gesucht.
- Der DIR-Befehl trennt Dateiname und Dateityp durch Leerzeichen. Bei der Eingabe durch den Benutzer jedoch muß man den "." zur Trennung angeben. Beispiele: AUTOEXEC.BAT, SYS.COM.

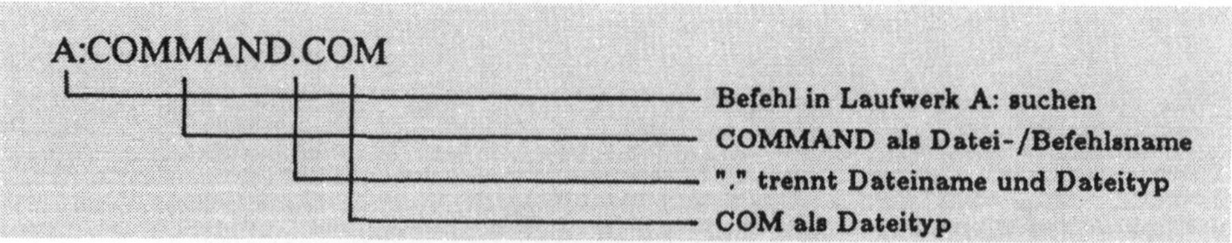

Dateibezeichnung mit Laufwerk, Dateiname und Dateityp

Breite Anzeige des Inhaltsverzeichnisses mit DIR/W: Durch Eingabe von DIR/W werden jeweils drei Dateien nebeneinander verkürzt angezeigt.

```
A:>dir/w
 Datenträger in Laufwerk B ist DOS_WEGWEIS
 Datenträgernummer: 2442-32C4
 Verzeichnis von B:\


ANSI     SYS    AUTOEXEC BAT    COMMAND  COM    CONFIG   SYS    COUNTRY  SYS
DISKCOPY COM    FORMAT   COM    KEYB     COM    KEYBOARD SYS    SYS      COM
VDISK    SYS    XCOPY    EXE
        12 Datei(en)      117760 Byte frei
```

Inhaltsverzeichnis der Systemdiskette mit Befehl DIR/W anzeigen

Dateigruppenzeichen "*" und "?": Das Zeichen "*" dient als Ersetzungs- bzw. Globalzeichen für mehrere Zeichen, während das Zeichen "?" ein Einzelzeichen ersetzt.
- Die Befehle DIR und Dir *.* sind identisch.
- DIR *.COM zeigt alle Dateien mit dem Dateityp COM an.
- DIR AUTO*.* zeigt alle mit "AUTO" beginnenden Dateien an.
- DIR F??MASCH.EXE zeigt alle acht Zeichen lange EXE-Dateien mit beliebigem 2. und 3. Zeichen an, sofern sie mit "F" beginnen.

1.2.2 Plattenlaufwerk wechseln mit d:

Aufgabe des Befehls d: Nach dem Booten ist z.B. A: als aktives Laufwerk eingestellt. Durch Eingabe des Namensbuchstabens eines Laufwerkes und anschließendem ":" wechselt man zum entsprechenden Laufwerk; ab jetzt ist dann dieses Laufwerk aktiv.

Beispiel zum Befehl d: Der Befehl DIR wird zweimal identisch eingegeben, bezieht sich aber auf verschiedene (gerade aktive) Laufwerke.

```
A>c:
C>dir
   Datenträger in Laufwerk C ist FESTPL1

   .......
C>b:
B>dir
   Datenträger in Laufwerk B hat keinen Namen

   .......
B>a:
A>
```

Von Laufwerk A: zu C:, zu B: und wieder zu A: wechseln

Die beiden folgenden DIR-Befehle bewirken dasselbe: Directory der Diskette in B: anzeigen. Der Unterschied besteht darin, daß nach der Befehlsausführung A: (links) oder aber B: (rechts) aktiv ist.

```
A>dir b:
   Datenträger in Laufwerk B ist ...

   ...
A>
```

```
A>b:
B>dir b:
   Datenträger in Laufwerk B ist ...

   ...
B>
```

1.2.3 Besondere Tasten bei der Befehlseingabe

Bildschirmausgabe abbrechen durch Strg-C: Durch Eingabe von

```
Strg-C    oder    Strg-Ende
```

(Strg-Taste drücken, kurz "C" oder "c" tippen und beide Tasten loslassen) wird der gerade in Ausführung befindliche MS-DOS-Befehl abgebrochen.

Bildschirmausgabe stoppen und starten mit Strg-S: Ist das Directory länger als der Bildschirm, verschwindet der Text nach oben. Mittels

```
Strg-S    oder    Strg-Num
```

stoppt man dieses "Nach-oben-Abrollen". Die nochmalige Eingabe von Strg-S läßt die unterbrochene Befehlsausführung fortsetzen. Strg-S wirkt somit wie ein Stop-/Start-Schalter.

Bildschirminhalt ausdrucken mit Umschalt-Druck: Mit der Eingabe von

```
Umschalt-Druck
```

(Umschalt-Taste zur Großschreibung gedrückt halten und kurz die Druck-Taste tippen) wird der aktuelle Inhalt des Bildschirms Zeile für Zeile ausgedruckt (Hardcopy).

Bildschirmausgabe auf dem Drucker protokollieren mit Strg-Druck: Diese Tastenkombination wirkt wieder wie ein Ein-/Ausschalter: Nach dem Drücken von Strg-Druck wird der Drucker zur Protokollierung der Bildschirmausgaben zugeschaltet; alle am Bildschirm erscheinenden Zeichen werden gleichzeitig ausgedruckt. Diese Protokollierungs- bzw. Echofunktion gilt so lange, bis Sie erneut Strg-Druck betätigen.

Warmstart durchführen mit Strg-Alt-Entf: Kann MS-DOS - aus welchem Grunde auch immer - nicht mehr ordnungsgemäß weiterarbeiten, bleibt häufig nichts anderes übrig, als das System neu zu starten. Durch

```
Strg-Alt-Entf
```

erzeugt man einen Warmstart: MS-DOS wird neu gebootet. Beim **Kaltstart** (siehe Abschnitt 1.1.1) wird der PC aus- und dann wieder eingeschaltet.

Eingegebene Befehlszeile zurücknehmen mit Esc-Taste: Nach dem Drücken der Esc-Taste (Esc für Escape bzw. Entkommen) erscheint das Zeichen "\". Betätigt man nun die Return-Taste, verschwindet die Textzeile.

Eingegebene Befehlszeile abschließen mit Return-Taste: Jeder eingetippte Befehl wird erst dann von MS-DOS ausgeführt, wenn am Zeilenende die Return-Taste (auch als Eingabe- bzw. Enter-Taste bezeichnet) gedrückt wurde. Die Return-Taste ist das Gegenstück zu Esc-Taste.

Abbr (Abbruch)	Break (Unterbrechung)
Alt	Alt (Alternate)
Bild hoch	PgUp (Page Up)
Bild runter	PgDn (Page down)
Einfg (Einfügen)	Ins (Insert)
Ende	End
Esc (Escape)	Esc
Druck	PrtSc (Print Screen)
Entf, Lösch	Del (Delete)
Num (Numerisch)	Num
Pos1 (Position 1)	Home
Strg (Steuerung)	Ctrl (Control)
Return	Return (Neuer Zeilenanfang)
Umschalt	Shift (Großschreibung)

MS-DOS-Funktionstasten bei deutscher und englischer Tastatur

Tastatur "Deutschland MF":

Tastatur "Deutschland AT":

Tastatur "Deutschland XT":

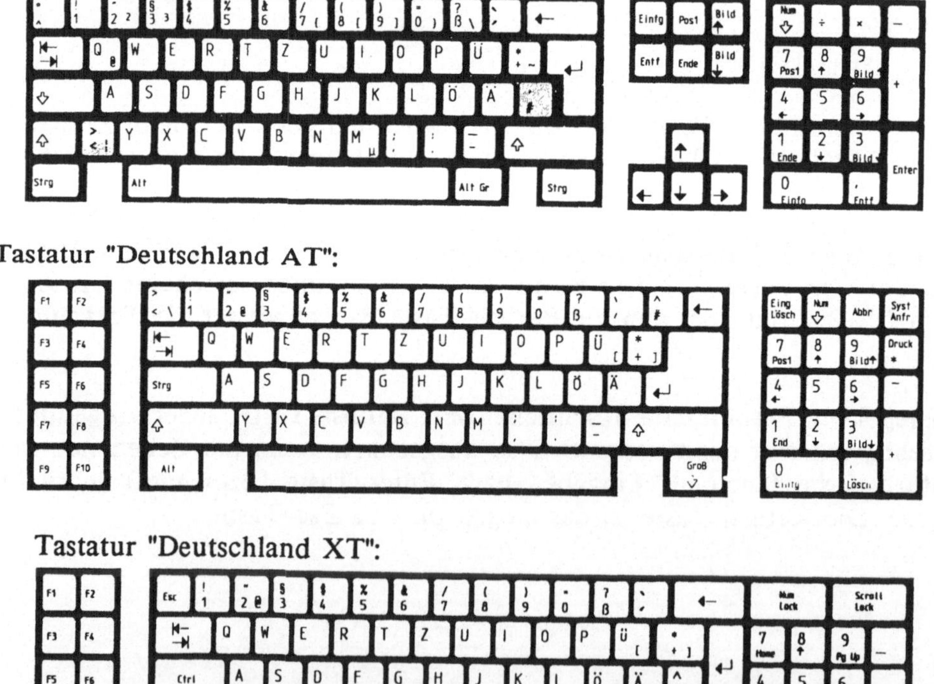

1.2.4 Dateien auf Platte kopieren mit COPY

Aufgaben des Befehls COPY: Mit dem Befehl COPY werden eine einzelne Datei (z.B. BRIEF1.TXT), eine Gruppe von Dateien (z.B. alle Dateien mit dem dem Dateityp TXT) oder sämtliche Dateien kopiert. Dabei wird zwischen Disketten und/oder Festplatten oder aber auf auf demselben Externspeicher kopiert. Darüberhinaus kann man mit COPY auch Dateien zusammenfügen, an Ausgabegeräte übertragen bzw. von Eingabegeräten empfangen.

Format des Befehls COPY: Der Befehl erwartet die Angabe zweier Plattenspeicher:
- Zuerst die *Quellenplatte*, d.h. die Diskette oder Festplatte, auf der sich die zu kopierenden Datei(en) befinden.
- Dann die *Zielplatte*, d.h. die Diskette oder Festplatte, auf die die Datei(en) kopiert werden sollen.

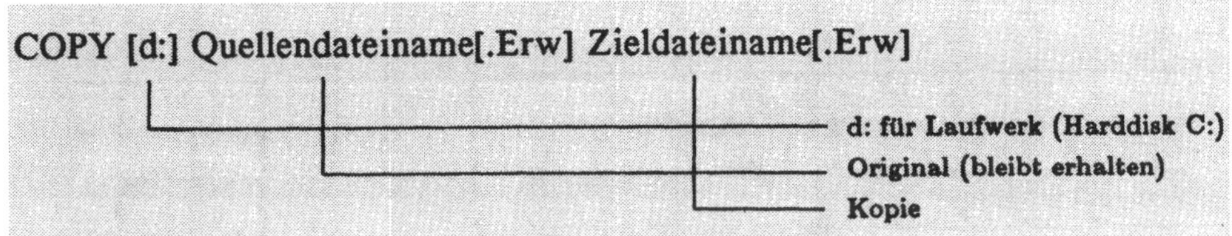

Format des Befehls COPY

Einzelne Dateien von Diskette auf Festplatte kopieren und umgekehrt. Das wiedergegebene Dialogprotokoll zeigt sieben Kopierbeispiele:
1) Kopieren vom aktiven Laufwerk heraus: Übertrage die Datei BRIEF1.TXT von der in Laufwerk A: einliegenden Diskette auf die Festplatte C: und speichere sie dort unter dem gleichen Namen ab.
2) Bei unverändertem Dateinamen kann die Angabe des Zieldateinamens auch entfallen. Befehlswirkung wie 1).
3) Die Bezeichnung des aktiven Laufwerks (hier A: als Quellenlaufwerk) kann weggelassen werden. Befehlswirkung wie 1).
4) Bei fehlender Quellendatei gibt MS-DOS eine Fehlermeldung aus.
5) Kopieren ins aktive Laufwerk: Die Datei KUNDEN13.DBF (Dateityp DBF z.B. für eine dBASE-Datenbankdatei) wird auf der Festplatte C: gesucht und ins Laufwerk A: kopiert.

6) Die Bezeichnung des aktiven Laufwerks (hier Ziellaufwerk A:) kann entfallen.

7) Der freie Speicherplatz im Ziellaufwerk A: ist zu klein für die Datei KUNDEN15.TXT.

```
A>copy a:brief1.txt c:brief1.txt                    1)
       1 Datei(en) kopiert
A>copy a:brief2.txt c:                               2)
       1 Datei(en) kopiert
A>copy brief2.txt c:                                 3)
       1 Datei(en) kopiert
A>copy brief6.txt c:                                 4)
A:BRIEF6.TXT nicht gefunden
       0 Datei(en) kopiert
A>copy c:kunden13.dbf a:                             5)
       1 Datei(en) kopiert
A>copy c:versuch4.pas                                6)
       1 Datei(en) kopiert
A>copy c:kunden15.dbf                                7)
Nicht genug Platz auf Dskt./Platte
       0 Datei(en) kopiert
```

Einzelne Dateien kopieren

Zwei Möglichkeiten der Speicherung der Zieldatei:
- Wird im Ziellaufwerk eine Datei gleichen Namens gefunden, dann wird diese durch die kopierte Datei überschrieben und gelöscht.
- Ist der Name der zu kopierenden Datei im Ziellaufwerk noch nicht vorhanden, dann wird er durch MS-DOS ins Inhaltsverzeichnis zusätzlich eingetragen.

Dateien beim Kopieren umbenennen: Soll die Zieldatei unter einem anderen Namen als die Quellendatei abgelegt werden, so ist dieser bei COPY anzugeben. Der folgende Befehl z.B. kopiert den Inhalt der Datei KUNDEN13.DBF und legt ihn unter dem Namen KD13SICH.DBF auf der Diskette A: ab:

```
A>copy c:kunden13.dbf a:kd13sich.dbf
       1 Datei(en) kopiert
```

Dateigruppen kopieren: Durch die Dateigruppenzeichen "*" (Zeichenkette) bzw. "?" (Einzelzeichen) werden mit einem COPY-Befehl mehrere Dateien übertragen. Das Dialogbeispiel zeigt dazu drei Beispiele:
1) Alle Dateien mit dem Dateityp TXT von Diskette auf die Festplatte C: kopieren.
2) Alle Dateien mit acht Zeichen langem und mit KUNDEN beginnnenden Dateinamen von der Festplatte auf die Diskette kopieren.
3) Alle auf Diskette in A: gespeicherten Dateien nach C: kopieren.

```
A>copy a:*.txt c:                        1)
        7 Datei(en) kopiert
A>copy c:kunden??.* a:                   2)
        9 Datei(en) kopiert
A>copy a:*.* c:                          3)
       44 Datei(en) kopiert
```

Kopieren auf derselben Platte: Ziel- und Quellenlaufwerk können identisch sein. So wird durch den Befehl

```
A>copy brief1.txt brief1a.txt
```

eine Kopie von BRIEF1.TXT unter dem Namen BRIEF1A.TXT zusätzlich auf der Diskette A: ablegt.

Kopieren zwischen Disketten bei nur einem Diskettenlaufwerk: Um die Datei BRIEF1.TXT von einer Diskette auf eine andere Diskette zu kopieren, geht man wie folgt vor:
1. Quellendiskette ins aktive Laufwerk A: einlegen.
2. Befehl COPY A:BRIEF1.TXT B: eintippen. MS-DOS lädt nun die Datei BRIEF1.TXT von Diskette A: in den RAM (Hauptspeicher) und fordert zum Diskettenwechsel auf:

```
Diskette in Laufwerk B: einlegen
anschließend eine Taste betätigen
```

3. Quellendiskette aus dem Laufwerk A: entnehmen und die Zieldiskette ins gleiche Laufwerk einlegen. Eine beliebige Taste drücken.
4. MS-DOS kopiert die Datei BRIEF1.TXT jetzt vom RAM auf die Zieldiskette und meldet:

```
1 Datei(en) kopiert
A>
```

Das eine (physische) Diskettenlaufwerk wird somit von MS-DOS mit den verschiedenen (logischen) Namen A: und B: bezeichnet. Bei großen Dateien kann der Benutzer zu mehrmaligem Diskettenwechsel aufgefordert werden.

Befehlszusatz /v zum COPY-Befehl: "v" steht für "verify". MS-DOS überprüft jede Zieldatei auf mögliche, während des Kopierens auftretende Aufzeichnungsfehler. Mit dem folgenden Befehl werden sieben Dateien geprüft kopiert:

```
A>c:auftrag?.* a: /v
7 Datei(en) kopiert
```

1.2.5 Dateien auf Platte umbenennen mit RENAME

Format des Befehls RENAME: Mit dem Befehl RENAME kann man eine einzelne Datei oder eine Dateigruppe auf Diskette oder Festplatte umbenennen. MS-DOS trägt im entsprechenden Inhaltsverzeichnis dann den neuen Namen ein. Mit RENAME kann beim Umbenennen nicht zwischen verschiedenenen Datenträgern kopiert werden.

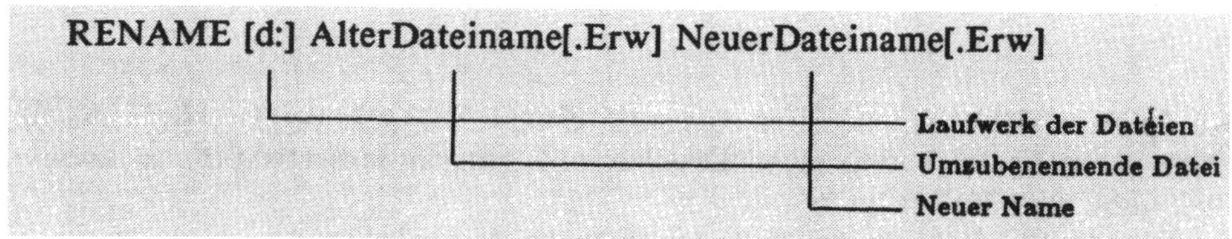

Format des Befehls RENAME

Beispiel zum Befehl RENAME. Im wiedergegebenen Dialogprotokoll werden die drei grundlegenden Formen des Umbenennens aufgezeigt:
1) Die Datei BRIEF2.DAT im aktiven Laufwerk wird in BRIEF2XX.DAT umbenannt. Der Dateiname ändert sich, nicht aber der Dateiinhalt.
2) Alle Dateien mit dem Dateityp DAT werden in TXT-Dateien umbenannt. Der Dateiname bleibt, nur der Dateityp ändert sich; aus der Datei BESTELL1.DAT z.B. wird die Datei BESTELL1.TXT.
3) Den Versuch, die Dateien von Laufwerk B: beim Umbenennen ins Laufwerk A: zu kopieren, weist MS-DOS mit einer Fehlermeldung ab. RENAME benennt nur im gleichen Laufwerk um: alle Dateien

erhalten - unabhängig vom bisherigen Dateityp - den neuen Dateityp DOC.

```
A>rename brief2.txt brief2xx.txt                         1)
A>rename b:*.dat *.txt                                   2)
A>rename b:*.* a:*.doc                                   3)
Ungültiger Parameter
```

1.2.6 Dateien von der Platte entfernen mit ERASE

Aufgaben des Befehls ERASE:
1. Die betreffend(e) Datei(en) werden von der Platte entfernt. Der
   freie Speicherplatz erhöht sich dadurch.
2. Die betreffenden Dateinamen werden aus dem Inhaltsverzeichnis
   (Directory) entfernt.

Besonders wichtige Dateien kann man mit dem Befehl ATTRIB gegen
versehentliches Überschreiben bzw. Löschen schützen.

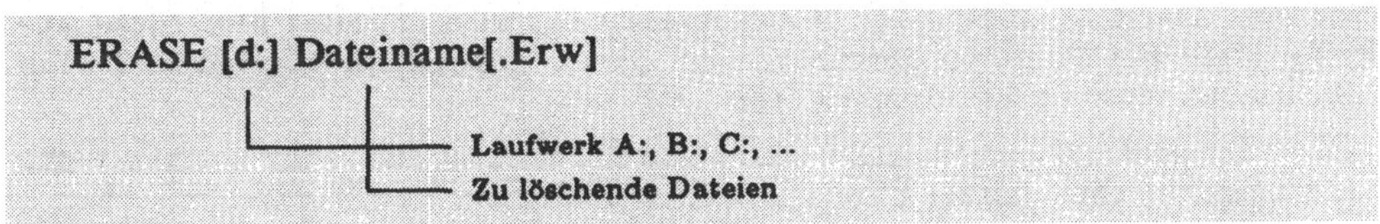

Format des Befehls ERASE (identisches Befehlswort DELETE)

Beispiel zum Befehl ERASE. Im Dialogprotokoll werden drei Beispiele
zum Löschen von Dateien wiedergegeben:
1) Die Datei BRIEF1.TXT wird auf der Diskette im aktiven
   Laufwerk A: gelöscht. Wie das Beispiel zeigt, quittiert MS-DOS
   das erfolgreiche Löschen nicht. Zur Kontrolle kann man jedoch
   anschließend DIR eingeben.
2) MS-DOS meldet, wenn kein Löschen möglich ist.
3) Beim Versuch, sämtliche Dateien zu löschen, fragt MS-DOS zur
   Sicherheit nach. Nur bei Eingabe von "j" bzw. "J" wird der gesamte Disketteninhalt gelöscht.

```
A>erase brief1.txt                                      1)
A>erase brief99.txt                                     2)
Datei nicht gefunden
A>erase a:*.*                                           3)
Sind Sie sicher (J/N)j
```

1.2.7 Inhalt einer Datei anzeigen lassen mit TYPE

Aufgabe des Befehls TYPE: Unter den auf Platte gespeicherten Dateien gibt es solche, deren Inhalt die in Form von Zeichen bzw. Text abgelegt sind, d.h. in einer vom Menschen lesbaren Form. Diese Dateien nennt man Textdateien oder ASCII-Dateien (jedes Zeichen gemäß ASCII-Code verschlüsselt). Textdateien kann man sich mit dem Befehl TYPE auf dem Bildschirm anzeigen lassen. Zu unterscheiden sind dabei zwei Dateiarten:
- Texte, wie z.B. ein mit einem Textverarbeitungsprogramm erstelltes Mahnschreiben, eine Rechnung bzw. eine Terminliste.
- Anweisungen und Befehle von Programmen, die noch nicht in Maschinensprache übersetzt sind. Beispiel: Quelltext eines Pascal- oder dBASE-Programmes.

Nur Textdatei anzeigen, nicht aber Binärdatei: Soll mit dem TYPE-Befehl ein bereits in Maschinensprache übersetztes Programm (Binärdatei) auf den Bildschirm gebracht werden, erhält man zumeist eine vollkommen unleserliche Ausgabe. Der Inhalt einer Binärdatei läßt sich nicht mit TYPE ausdrucken.

Nur eine Datei anzeigen: Die Jokerzeichen "*" und "?" sind hier nicht zulässig. Falls ein Dateityp existiert, muß dieser angegeben werden.

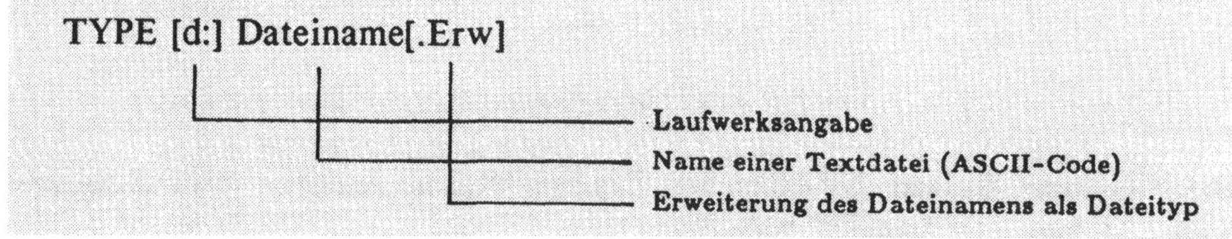

Format des Befehls TYPE

Beispiele zum Befehl TYPE:
1) Soll ein in BASICA bzw. GWBASIC geschriebenes Programm mit TYPE angezeigt werden, muß es zuvor (im BASIC-SYSTEM) mit dem Befehl *SAVE "Dateiname",A* gespeichert worden sein (A für ASCII-Code).
2) Bei der Ausgabe eines mit einem Textverarbeitungsprogramm wie Wordstar oder Word erstellten Textes erscheinen ggf. unleserliche (Formatierungs-)Zeichen.

3) Dateityp bei TYPE angeben: Ein unter dBASE mit RECHNUNG eingegebenes Programm wird mit TYPE RECHNUNG.PRG angezeigt. Ein unter Word mit AUFTRAG3 editierter Text kann unter MS-DOS nur mit TYPE AUFTRAG3.TXT angezeigt werden.

4) Die Ausgabe längerer Texte stoppt man mit Strg-S bzw. Strg-Num (Ctrl-S bzw. Ctrl-Num Lock).

```
A>type versuch1.bas                              1)
100 REM Programm Versuch1
110 ...
A>type brief6.txt                                2)
Sehr geehrte Damen und Herren,

...
A>TYPE RECHNUNG                                  3)
Datei nicht gefunden
A>
```

Dateiinhalt ausdrucken lassen. Der TYPE-Befehl leitet den Inhalt der angegebenen Datei zur die aktive Ausgabeeinheit; voreingastellt ist der Bildschirm. Durch Strg-Druck läßt sich der Drucker zusätzlich aktivieren:

1) Drucker mit Strg-Druck (Ctrl-PrtSc) zuschalten (Echo- bzw. Protokollierfunktion an).
2) Inhalt der Textdatei AUFTRAG3.TXT wird gedruckt.
3) Echofunktion des Druckers wieder ausschalten.

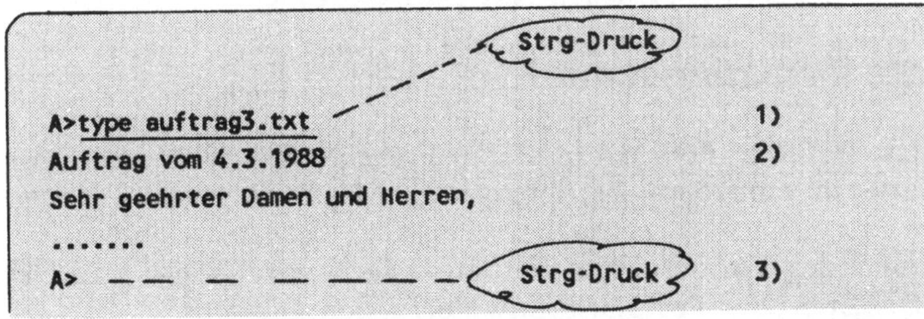

Der Drucker bleibt solange aktiviert, bis er über das erneute Tippen von Strg-Druck ausgeschaltet wird. Kleinere Dateien, die auf eine Bildschirmseite passen, kann man sich natürlich mit der Druck-Taste anzeigen lassen:

- *Druck-Taste bzw. Shift-PrtScr:* Den Inhalt des Bildschirms ausdrucken lassen
- *Strg-Druck bzw. Ctrl-PrtScr:* Den Drucker aktivieren, um jede Eingabe bis zum nächsten Strg-Druck auszudrucken. Auch die mit TYPE AUFTRAG3.TXT befohlene Ausgabe wird gedruckt.

Aufgabe 1.2/1: Zu den internen Befehlen von MS-DOS.
  a) Nennen Sie Format und Aufgaben der internen Befehle.
  b) Beschreiben Sie die Bezeichnung B:TEST1.PAS.
  c) Wann kann man für A:DATE4.PRG auch DATE4.PRG schreiben?

Aufgabe 1.2/2: Was bewirken die folgenden Befehle?
  a) B: f) ERASE C:*.TXT
  b) DIR B: g) TYPE C:ERKL.TXT
  c) DIR VERSUCH?.PROG/W   h) COPY *.* C:
  d) COPY V1.PRG V1a.PRG   i) RENAME N3 N4
  e) COPY A:V1*.PRG B:V1*.PRG

Aufgabe 1.2/3:   Unter welcher Voraussetzung sind die Befehle COPY
C:P.PAS und COPY P.PAS A: identisch?

Aufgabe 1.2/4: Nennen Sie die Befehle zur Lösung folgender Probleme:
  a) Den Disketteninhalt dateiweise von A: nach B: kopieren.
  b) Die mit "K" anfangenden Dateien von C: nach A: kopieren.
  b) Alle BAK-Dateien mit 4 Zeichen langen Dateinamen löschen.
  d) Den Dateiinhalt von DD.PAS in Laufwerk A: ausdrucken.
  e) Prüfen, ob die PRG-Dateien auf Diskette B: vorhanden sind.
  f) Die Datei INF7.TXT in INF7NEU.DOC umbenennen.

1.3 Wichtige externe Befehle von MS-DOS

1.3.1 Platte formatieren mit FORMAT

Aufgaben des Befehls FORMAT: Beim Formatieren wird die Diskette
bzw. Festplatte in eine dem Betriebssystem MS-DOS gemäße Form gebracht:
  - Während des Formatierens werden - falls vorhanden - alle Daten
     der Diskette oder Festplatte unwiderruflich gelöscht.
  - FORMAT ist ein externer Befehl, da er das gleichnamige System-
     programm FORMAT.COM aufruft, das auf einem Externspeicher
     (Diskette, Festplatte) abgelegt ist. Zum Zeitpunkt der Befehlsein-
     gabe von FORMAT muß MS-DOS deshalb im aktiven Laufwerk
     verfügbar sein.

FORMAT [d:] [/S] [/V] [/1] [/4] [/N:xx] [/T:yy]

d:	Laufwerk A:, B:, C:, ..., in dem formatiert wird
/S	Betriebssystemdateien auf Diskette übertragen
/V	Name für den Datenträger eintragen
/1	Nur eine Diskettenseite formatieren (nur 5.25")
/4	In 5.25"-Laufwerk mit hoher Kapazität mit 360 KB anstelle von 1.2 MB formatieren
/N:xx	Anzahl der Sektoren je Spur verringern
/T:yy	Anzahl der Spuren verringern

Format des Befehls FORMAT

Formatieren einer Diskette bei einem Diskettenlaufwerk:

1) Systemdiskette in Laufwerk A: einlegen und FORMAT aufrufen.
   Aus Sicherheitsgründen stets B: angeben (d.h. von A: zum logischen Dateinamen B: wechseln). Nach dem Formatieren soll mit /S
   Betriebssystem übertragen und mit /V ein Datenträgername aufge-
   zeichnet werden.

2) Systemdiskette entnehmen und leere bzw. zu formatierende Diskette einlegen. Taste drücken

3) MS-DOS 4.0 formatiert und meldet, wieviel Prozent der Speicher-
   fläche bereits formatiert ist. Bis DOS 3.3 werden die gerade for-
   matierten Nummern von Schreib-/Lesekopf (z.B. 0 - 1) und Zy-
   linder (z.B. 0 - 39) gemeldet.

4) Diese Meldung erscheint nur, wenn der Parameter /S angegeben
   wurde: Die Systemdateien IO.SYS, MSDOS.SYS (bei IBM-PC
   IBMBIO.SYS, IBMDOS.COM) und COMMAND.COM wurden auf
   die Diskette übertragen, damit diese später als Bootdiskette
   verwendet werden kann. Zum Formatieren einer nicht bootfähigen
   Anwenderdiskette dient FORMAT B:/V.

5) Da der Parameter /V angegeben wurde, kann auf die Diskette der
   Datenträgername RECHNUNGEN eingetragen werden. Dieser Name wird bei jedem späteren Aufruf des Befehls DIR angezeigt.

6) Hier werden ggf. fehlerhafte Sektoren angegeben.

7) Die Meldung erscheint aufgrund Parameter /S.

8) Bei Eingabe von "j" könnte man weitere Disketten formatieren.

```
A>format b: /s /v                                      1)
Neue Diskette in Laufwerk B: einlegen                  2)
und anschließend Eingabetaste betätigen...


100 Prozent formatiert                                 3)
Formatieren beendet
Systemdateien übertragen                               4)


Name (max. 11 Zeichen, kein Name: EINGABE)? rechnungen  5)


   362496 Byte Gesamtspeicherbereich                   6)
   109568 Byte vom System verwendet                    7)
   252928 Byte auf Diskette/Platte verfügbar


    1024 Byte in jeder Zuordnungseinheit
     247 Zuordnungseinheiten auf Diskette/Platte verfügbar


Datenträgernummer: 1332-07E2
Weitere Dskt./Platte formatieren (j/n)? n              8)
A>
```

Formatieren einer Diskette bei zwei Diskettenlaufwerken: Der Ablauf des Formatierens vereinfacht sich insofern, als sich der Diskettenwechsel erübrigt: Systemdiskette in Laufwerk A:, die zu formatierende Diskette in Laufwerk B: einlegen und z.B. FORMAT B: eintippen.

Formatieren einer Diskette von der Festplatte aus: Das Verzeichnis (siehe Abschnitt 2.4) aktivieren, in der der Befehl FORMAT abgelegt ist, und dann den Befehl FORMAT B: eingeben.

Formatieren verschiedener Diskettenarten:
Die folgende Tabelle bezieht sich auf IBM Personalcomputer und zeigt, welche FORMAT-Parameter für welche Diskettenarten anzugeben sind (jeweils 512 Bytes/Sektor):

Größe:	Diskettenart:	Spur/Seite:	Seiten:	Sektoren/Spur:	Parameter:
5.25"	180 KB	40	1	9	/S, /V, /1, /4
5.25"	360 KB	40	2	9	/S, /V, /1, /4
5.25"	1.2 MB	80	2	15	/S, /V, /N, /T
3.5"	720 KB	80	2	9	/S, /V, /N, /T
3.5"	1.44 MB	80	2	18	/S, /V,
	Festplatte				/S, /V

"Kleinere" Diskette in einem Laufwerk formatieren: Die Parameter /N:xx (Anzahl Sektoren) und /T:yy (Anzahl Spuren) sind anzugeben, wenn eine Diskette weniger als die vom Laufwerk unterstützte Maximalkapazität aufweisen soll. Drei Beispiele:

1) In einem 3.5"-1.44 MB-Laufwerk wird eine doppelseitige Diskette mit 1.44 MB formatiert.
2) In einem 3.5"-1.44 MB-Laufwerk soll eine doppelseitige Diskette mit nur 720 KB formatiert werden (N=18 auf N=9 verringert).
3) In einem 5.25"-1.2 MB-Laufwerk soll eine doppelseitige Diskette mit nur 360 KB formatiert werden.

```
A> format b:                        1)

...

A> format b: /n:9 /t:80             2)

...

A> format a: /4                     3)

...
```

1.3.2 System später auf Platte übertragen mit SYS

Problem: Man arbeitet mit dem Betriebssystem MS-DOS in der Version 3.3, wobei das System auf der Festplatte C: untergebracht ist. Nun möchte man nachträglich MS-DOS 4.0 auf die Festplatte abspeichern. Mit dem Befehl SYS wird MS-DOS z.B. wie folgt übertragen.

1) Neue Systemdiskette mit MS-DOS 4.0 ins aktive Laufwerk A einlegen.
2) SYS C: überträgt MS-DOS 4.0 von der Systemdiskette in A: auf die Festplatte. Genauer: Die unsichtbaren Systemdateien IO.SYS und MSDOS.SYS (bei IBM heißen sie IBMBIO.SYS und IBM-DOS.COM) werden auf die ersten freien Spuren der Festplatte kopiert.
3) COPY COMMAND.COM C: überträgt den neuen Befehlsprozessor auf die Festplatte.
4) Andere externe Befehle wie COUNTRY.COM, KEYB.COM, KEYBOARD.SYS müssen später natürlich gesondert von A: nach C: kopiert werden.

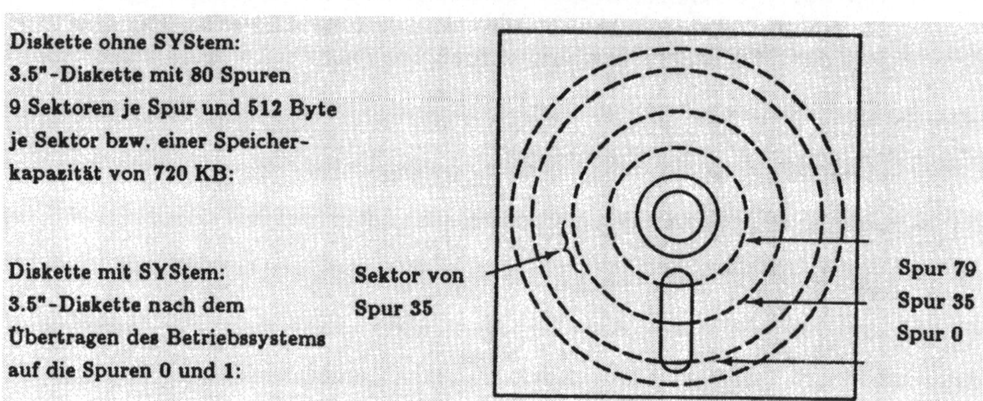

Diskette ohne SYStem:
3.5"-Diskette mit 80 Spuren
9 Sektoren je Spur und 512 Byte
je Sektor bzw. einer Speicher-
kapazität von 720 KB:

Diskette mit SYStem:
3.5"-Diskette nach dem
Übertragen des Betriebssystems
auf die Spuren 0 und 1:

Diskette mit Spuren und Sektoren

1.3.3 Diskette kopieren mit DISKCOPY

Aufgaben des Befehls DISKCOPY: Mit dem Befehl COPY wird *Datei für Datei* übertragen. Mit dem Befehl DISKCOPY hingegen wird der gesamte Inhalt einer Diskette auf eine andere Diskette kopiert; dabei wird *Spur für Spur* übertragen.
- DISKCOPY überträgt den Inhalt der Quellendiskette auf eine Ziel-diskette.
- Sind auf der Zieldiskette bereits Daten abgelegt, dann werden sie gelöscht bzw. überschrieben.
- Findet DISKCOPY eine unformatierte Zieldiskette, dann wird die-se formatiert.

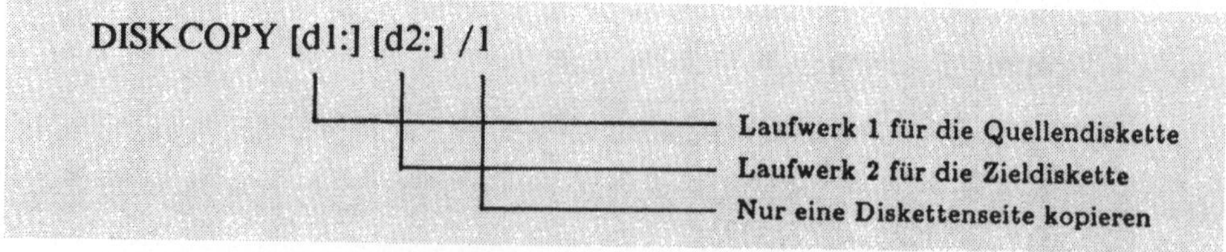

Format des Befehls DISKCOPY

Zwei Disketten bei nur einem Diskettenlaufwerk kopieren:
1) Systemdiskette in Laufwerk A: einlegen und DISKCOPY A: B: als externen Befehl von der Diskette aufrufen.
2) Die zu kopierende Quellendiskette in Laufwerk A: einlegen und eine Taste drücken.
3) Der Inhalt dieser Diskette wird nun in den RAM eingelesen.
4) Quellendiskette entnehmen und die Zieldiskette ins Laufwerk einlegen. Eine Taste drücken. Der im RAM zwischengespeicherte Inhalt der Quellendiskette wird nun auf die Zieldiskette übertragen.
5) Je nach Speicherumfang von Quellendiskette bzw. Speichergröße des RAM fordert das System ggf. mehrmals zum Wechseln von Quellen- und Zieldiskette auf.

```
A>diskcopy a: b:                                      1)


Quellendiskette in Laufwerk A: einlegen              2)
Anschließend eine Taste betätigen ...
Kopiert werden 40 Spuren                             3)
9 Sektoren/Spur, 2 Seite(n)


Zieldiskette in Laufwerk A: einlegen                 4)
Anschließend eine Taste betätigen ...
Eine weitere Kopie erstellen (J/N)?n                 5)
A>
```

Zwei Disketten bei zwei Diskettenlaufwerken kopieren:
1) Systemdiskette in Laufwerk A: einlegen und DISKCOPY A: B: als externen Befehl von der Diskette aufrufen.
2) Ihre zu kopierende Quellendiskette in Laufwerk A: und die Zieldiskette in Laufwerk B: einlegen; dann eine Taste drücken.
3) Diese Meldung erscheint nur, wenn der DISKCOPY-Befehl eine unformatierte Zieldiskette vorfindet.
4) Der Inhalt des Originals in A: wird nun in den RAM eingelesen und dann nach B: geschrieben.
5) Bei Bedarf kann man Mehrfachkopie(en) anfertigen.

```
A>diskcopy a: b:                                        1)

Quellendiskette in Laufwerk A: einlegen                 2)
Zieldiskette in Laufwerk B: einlegen
Anschließend eine Taste betätigen ...
Formatieren während Kopieren                            3)
Kopiert werden 40 Spuren                                4)
9 Sektoren/Spur, 2 Seite(n)
Eine weitere Kopie erstellen (J/N)?n                    5)
A>
```

DISKCOPY-Befehl von der Festplatte aufrufen: Ist das Betriebssystem auf der Festplatte installiert worden, muß DISCOPY als externer Befehl natürlich von C: aufgerufen werden.

```
A>c:diskcopy a: b:        oder        A>c:
                                      C>diskcopy a: b:
```

DISKCOPY verlangt gleichartige Quellen- und Ziellaufwerke: Man kann mit DISKCOPY somit nicht von einem 3.5"-Laufwerk auf ein 5.25"-Laufwerk oder von einem Festplattenverzeichnis auf ein 3.5"-Laufwerk kopieren. Hierzu sind die Befehle COPY bzw. XCOPY vorgesehen.

Gegenüberstellung von COPY und DISKCOPY:
- COPY kopiert dateiweise und DISKCOPY kopiert spurweise.
- COPY kopiert auch zwischen verschiedenartigen Diskettenlaufwerken (z.B. von 5.25" auf 3.5"), DISKCOPY hingegen nicht.
- COPY kopiert auch zwischen Festplatte und Diskette, DISKCOPY hingegen ist ein reiner Diskettenbefehl.
- Ist eine Diskette zu kopieren, die zahlreiche Lücken bzw. gestreut abgelegte Dateien enthält, so kann COPY vorteilhaft sein. Grund: COPY überträgt jede Datei einzeln und speichert sie auf die Zieldiskette hinter die zuvor kopierte Datei ab. Der verfügbare freie Speicherplatz kann auf der Zieldiskette nun beträchtlich über dem der Quellendiskette liegen.

1.3.4 Datensicherung mit BACKUP und RESTORE

Aufgaben der Befehle BACKUP und RESTORE: BACKUP erstellt Sicherungskopieren von Dateien. Neben XCOPY (vgl. Abschnitt 2.4.6) bietet sich BACKUP insbesondere an, um die Daten der Festplatte auf Disketten zu sichern. BACKUP-Dateien können nur mit RESTORE wieder (einzeln oder gesamt) zurückgespeichert werden (Format vgl. Abschnitt 1.2.2).

Inhalt einer Diskette sichern: Zur Demonstration soll der Inhalt der Diskette von A: komplett nach B: gesichert werden (das Kopieren der Festplatte von C: nach B: läuft genau entsprechend ab).

1) BACKUP ist im Verzeichnis HILFE\DOSBEF abgelegt. Mit /S werden auch alle in den Unterverzeichnissen enthaltenen Dateien kopiert. Mit /L wird eine Logdatei DISKBACK.TXT (Default wäre BACHUP.LOG) im Zielllaufwerk erstellt.

2) BACKUP formatiert - falls erforderlich - die Zieldiskette(n).

3) Beim Sichern einer Festplatte werden hier die Nummern 01, 02, ... gezeigt.

4) Dateinamen werden im Zuge des Kopierens am Bildschirm gezeigt.

5) Inhalt der Logdatei DISKBACK.TXT zwecks Kontrolle. Dies ist wichtig, da BACKUP in einem speziellen Format kopiert, das nur durch RESTORE lesbar ist.

6) Sicherungsdiskette 01 mit Dateien in dem speziellen BACKUP-Format.

```
A:\>c:\hilfe\dosbef\backup a: b: /s /l:diskback.txt              1)


Sicherungsquellendiskette in Laufwerk A: einlegen
Weiter mit beliebiger Taste . . .


Sicherungsdiskette 01 in Laufwerk B: einlegen                    2)
ACHTUNG! Dateien im Stammverzeichnis
B:\ des Ziellaufwerks werden gelöscht.
Weiter mit beliebiger Taste . . .


*** Dateisicherung nach Laufwerk B: ***
Diskette Nummer: 01                                              3)


Protokoll wird in Datei A:\DISKBACK.TXT geschrieben


\KEYB.COM              4)            A:\>type diskback.txt        5)
\KEYBOARD.SYS                       24.12.1988  0.16.08
\012345.678                         001  \KEYB.COM
\PCIBMDRV.MOS                       001  \KEYBOARD.SYS
\SHELLC.EXE                         001  \012345.678
\SHELL.MEU                          001  \PCIBMDRV.MOS
\SHELL.CLR                          001  \SHELLC.EXE
\SHELLB.COM                         001  \SHELL.MEU
\COUNTRY.SYS                        001  \SHELL.CLR
\DOSSHELL.BAT                       001  \SHELLB.COM
\DISKCOPY.COM                       001  \COUNTRY.SYS
\CONFIG.SYS                         001  \DOSSHELL.BAT
```

```
\AUTOEXEC.BAT                        001   \DISKCOPY.COM
\ANSI.SYS                            001   \CONFIG.SYS
\SHELL.ASC                           001   \AUTOEXEC.BAT
                                     001   \ANSI.SYS
                                     001   \SHELL.ASC
A:\>dir b:                                                          6)
 Datenträger in Laufwerk B ist BACKUP  001
 Verzeichnis von B:\
BACKUP   001      242064 24.12.88    0.17
CONTROL  001         719 24.12.88    0.17
         2 Datei(en)      118784 Byte frei
```

Eine Datei zurückkopieren mit RESTORE: Die Datei DOSSHELL.BAT
soll von der Sicherungsdiskette in B: wieder nach A: geschrieben werden.

1)   Der RESTORE-Befehl ist im Unterverzeichnis HILFE\DOSBEF abgelegt.

2)   Die Datei DOSSHELL.BAT überschreibt die (defekte) Datei auf der Originaldiskette.

```
A:\>c:\hilfe\dosbef\restore b: a:dosshell.bat /s                   1)


Sicherungsdiskette 01 in Laufwerk B einlegen
Weiter mit beliebiger Taste . . .
Zieldiskette zum Zurückspeichern in Laufwerk A: einlegen
Weiter mit beliebiger Taste . . .


*** Dateien gesichert am 24.12.1988 ***
*** Dateien werden von Laufwerk B:  zurückgespeichert ***
Diskette: 01
\DOSSHELL.BAT                                                      2)
```

Aufgabe 1.3/1: Zu den externen Befehlen von MS-DOS.

a)   Unter welcher Voraussetzung sind die Befehle FORMAT A: und
     C:FORMAT A: identisch?

b)   "Unter MS-DOS wird die Zieldatei als erste und die Quelldatei als
     zweite Datei angegeben." Nehmen Sie Stellung zu dieser Aussage.

c)   Eine in Laufwerk B: befindliche Leerdiskette soll zweiseitig for-
     matiert und mit einem Namen versehen werden. Befehl?

d)   Wann ist der COPY A:*.* B: dem Befehl DISKCOPY A: B: vorzu-
     ziehen (nennen Sie zwei grundlegende Fälle)?

1.4 Verzeichnisbefehle von MS-DOS

1.4.1 Modell einer einfachen Verzeichnisstruktur

Der Speicherraum der Diskette bzw. Festplatte ist groß und kann zahlreiche Dateien aufnehmen. Um die Übersicht zu behalten, ist es sinnvoll, den Speicherraum in Verzeichnisse zu unterteilen, wobei jedem Verzeichnis eine Nutzungsart des PCs zugewiesen wird. Die Verzeichnisse der Platte lassen sich mit den Abschnitten eines Buches vergleichen. Im folgenden Verzeichnisbaum sind neun Verzeichnisse in drei Ebenen angeordnet:

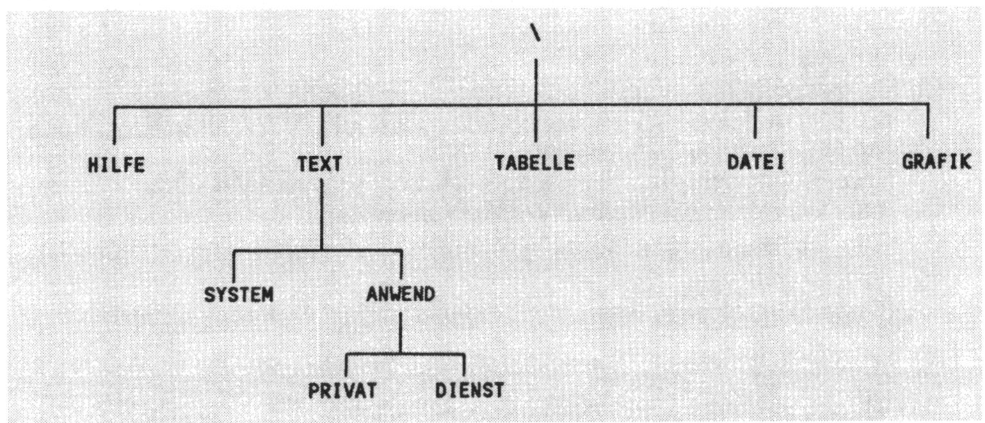

Modell einer Verzeichnisstruktur mit neun Unterverzeichnissen

Stammverzeichnis "\": Mit dem umgekehrten Schrägstrich (engl. Backslash) wird das Stamm- bzw. Hauptverzeichnis bezeichnet. In dieses Verzeichnis werden alle Dateien eingetragen, wenn kein Unterverzeichnis eingerichtet wurde. Beim Formatieren erhält die Platte automatisch ein Stammverzeichnis. Diesem Stammverzeichnis werden die Unterverzeichnisse HILFE, TEXT, TABELLE, DATEI und GRAFIK untergeordnet:

- **Unterverzeichnis HILFE:** In diesem Verzeichnis sollen alle Dateien gespeichert werden, die bei der Arbeit mit dem PC helfen. Dazu gehören die Dateien des Betriebssystems, die verfügbaren Utilities (spezielle Dienstprogramme, z.B. zum Kopieren) und die Stapeldateien.
- **Unterverzeichnis TEXT:** Hier legt man alle Dateien ab, die etwas mit der Textverarbeitung (z.B. Word, WordStar, Word Perfect) zu tun haben. Zu Text werden weitere Verzeichnisse eingerichtet:

Verzeichnis SYSTEM für die Systemprogramme des jeweiligen Textverarbeitungssystems, also z.B. für die auf der(n) Word-Systemdiskette(n) gelieferten Dateien.

Verzeichnis ANWEND dient zur Aufnahme der eigenen Anwenderlösungen, wie Briefe, Mahnschreiben, Rechnungen, Berichte usw. Um eine Übersicht zu behalten, unterteilt man ANWEND weiter in die Verzeichnisse PRIVAT (private Korrespondenz) und DIENST (dienstlicher Briefverkehr).

- **Unterverzeichnis TABELLE** für die Tabellenkalkulation (z.B. Multiplan).

- **Unterverzeichnis DATEI** für das Datei- bzw. Datenbankverwaltungssystem (z.B. dBASE, RBASE).

- **Unterverzeichnis GRAFIK** für Grafiktools wie Chart, PaintBrush.

Verzeichnisbaum: Das Stammverzeichnis "\" bezeichnet man auch als Wurzel (engl. Root). Damit wird angedeutet, daß die Verzeichnisstruktur als Verzeichnisbaum aufgefaßt werden kann:

- Der Baum steht auf dem Kopf mit der Wurzel nach oben.
- Die Verzeichnisse stellen Verästelungen dar.
- Die am Baum hängenden "Früchte" sind Dateien oder weitere Unterverzeichnisse.
- Ohne Wurzel bzw. Stammverzeichnis kann der Baum nicht leben.

1. **Übersichtlichkeit des Plattenverzeichnisses.**
2. **Größere Anzahl von Dateien speicherbar (im Stammverzeichnis einer Diskette können nur 112 bzw. 224 Dateinamen eingetragen werden).**
3. **Größere Zugriffsgeschwindigkeit (in *einem* Unterverzeichnis ist eine relativ kleine Anzahl von Dateien gespeichert).**

Drei Vorteile von strukturierten Verzeichnissen

1.4.2 Unterverzeichnisse einrichten mit MD

Aufgaben des Befehls MD: Mit diesem Befehl kann man ein neues Unterverzeichnis auf Diskette bzw. Festplatte erstellen. MD ist die Abkürzung für das Befehlswort MKDIR (Make Directory). MD prüft, ob der angegebene Verzeichnisname (z.B. TEXT) in der jeweiligen Verzeichnisebene nicht bereits schon vorhanden ist und richtet - falls noch kein Verzeichnis mit dem Namen existiert - das Verzeichnis neu ein.

Format des Befehls MD: Hinter dem Befehlswort MD kann man den Laufwerksbuchstaben (z.B. C: für die Festplatte) angeben. Ist dieses Laufwerk bereits aktiv, kann diese Angabe entfallen. Anschließend wird der Pfad angegeben. Der *Pfad* beschreibt den gesamten Weg vom aktiven bzw. genannten Verzeichnis bis zum neu einzurichtenden Verzeichnis. Aus diesem Grunde bezeichnet man den *Pfad als Zugriffs-, Verzeichnis- bzw. Suchpfad.*

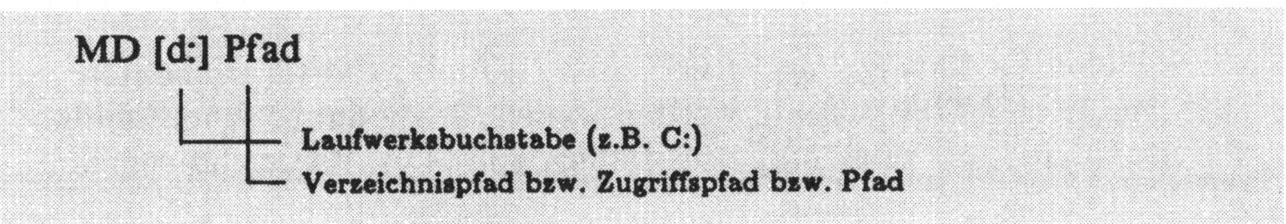

Format des Befehls MD

Das Verzeichnis HILFE mit dem Befehl MD neu einrichten. Das Dialogprotokoll zeigt folgendes Drei-Schritte-Vorgehen zum Einrichten des neuen Verzeichnisses HILFE:
1) Mit DIR wird das Inhaltsverzeichnis der Diskette in Laufwerk A: angezeigt. Auf dieser Diskette befindet sich nur die eine Datei COMMAND.COM, jedoch kein Unterverzeichnis. Anmerkung: Der Diskettenname DISK1 wurde zuvor mit dem LABEL-Befehl eingetragen.
2) Durch Eintippen des Befehls
      `MD \HILFE`
   wird das Verzeichnis HILFE eingetragen. Der Pfad lautet \HILFE (der "\" ist wichtig) und besagt: Richte das neue Verzeichnis HILFE als Unterverzeichnis zum Stammverzeichnis "\" ein.
3) DIR zeigt nun zwei Einträge im Directory: Den Dateinamen COMMAND.COM und den Verzeichnisnamen HILFE.

```
A:\>dir                                              1)
   Diskette/Platte, Laufwerk A:, hat den
   Namen DISK1
   Verzeichnis von A:\
   COMMAND  COM     25979  18.03.87  12.00
           1 Datei(en)     282624 Byte frei


A:\>md \hilfe                                         2)
```

```
A:\>dir                                                          3)
 Diskette/Platte, Laufwerk A:, hat den
 Namen DISK1
 Verzeichnis von A:\
 COMMAND  COM     25979  18.03.87  12.00
 HILFE           <DIR>          2.01.88   1.11
         2 Datei(en)      281600 Byte frei
```

Die Verzeichnisse TEXT, TABELLE, DATEI und GRAFIK einrichten:
   1) Durch vier MD-Befehle werden diese Verzeichnisse eingerichtet:
   2) Das Directory zeigt nun eine Datei- und fünf Verzeichnisnamen.

```
A:\>md \text                                                    1)
A:\>md \tabelle
A:\>md \datei
A:\>md \grafik


A:\>dir                                                         2)
 Diskette/Platte, Laufwerk A:, hat den
 Namen DISK1
 Verzeichnis von A:\
 COMMAND  COM     25979  18.03.87  12.00
 HILFE           <DIR>          2.01.88   1.11
 TEXT            <DIR>          2.01.88   1.11
 TABELLE         <DIR>          2.01.88   1.11
 DATEI           <DIR>          2.01.88   1.11
 GRAFIK          <DIR>          2.01.88   1.11
         6 Datei(en)      277504 Byte frei
```

Unterverzeichnisse zu Verzeichnis TEXT einrichten: Zu TEXT sollen die beiden Unterverzeichnisse SYSTEM und ANWEND eingerichtet werden.

```
A:\>md \text\system
A:\>md \text\anwend
```

Der Pfad \TEXT\SYSTEM bedeutet: Gehe vom Stammverzeichnis "\" aus zum Unterverzeichnis TEXT und richte zu TEXT ein neues Unterverzeichnis namens SYSTEM ein.
Der Backslash "\" hat somit zwei Bedeutungen:
   - Der erste "\" bezeichnet das Stammverzeichnis.
   - Der zweite (und alle nachfolgenden) "\" dienen als Trennungszeichen und trennen Verzeichnisnamen bzw. Dateinamen innerhalb eines Pfades.

Unterverzeichnisse zu Verzeichnis TEXT\ANWEND einrichten. Durch die beiden Befehle

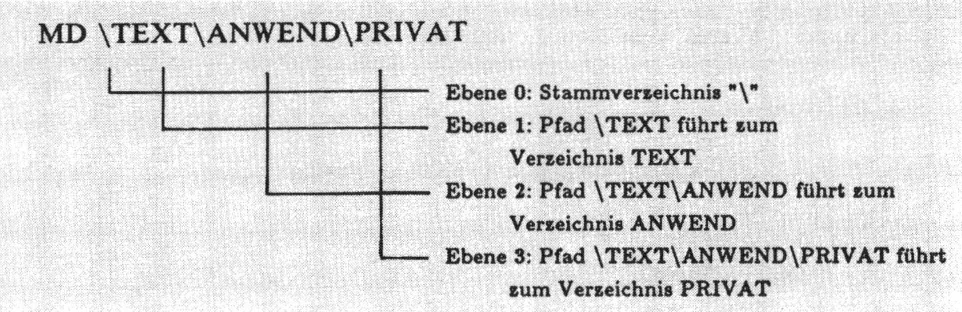

werden die Verzeichnisse PRIVAT (private Korrespondenz) und DIENST (dienstlicher Briefverkehr) eingerichtet. Die Suchpfade nennen nun vier Verzeichnisebenen.

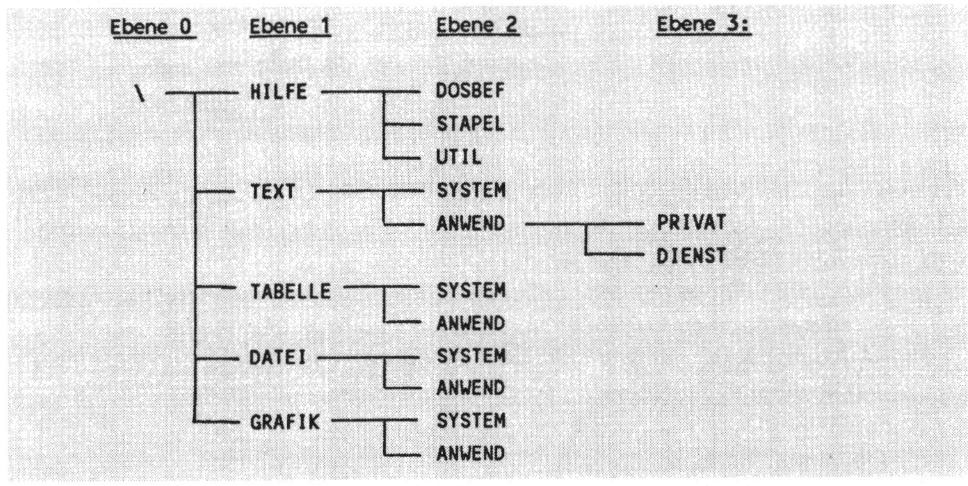

Pfad mit vier Verzeichnisebenen

Ausbau der Verzeichnisstruktur: Das "Modell einer Verzeichnisstruktur" hat nun das in Abschnitt 4.4.1 angegebene Aussehen. Dieses Modell soll nun durch Erweiterung der Verzeichnisse HILFE, TABELLE, DATEI und GRAFIK komplettiert werden.

Modell einer Verzeichnisstruktur (erweitert)

1.4.3 Unterverzeichnisse aktivieren mit CD

Aufgaben des Befehls CD: CD ist eine Abkürzung für das Befehlswort CHDIR (Change Directory, Wechseln des Verzeichnisses). Mit CD kann man das aktive Verzeichnis bzw. Laufwerk wechseln, oder aber das aktive Verzeichnis anzeigen lassen.

Format des Befehls CD: Hinter dem Befehlswort CD ist der Pfad anzugeben, der ab jetzt aktiviert werden soll. Falls dieser Pfad in einem anderen als dem gerade aktiven Laufwerk liegt, ist auch der Laufwerksbuchstabe einzugeben. Gibt man das Befehlswort CD ohne weiteren Zusatz an, wird nur das derzeit aktive Verzeichnis angezeigt.

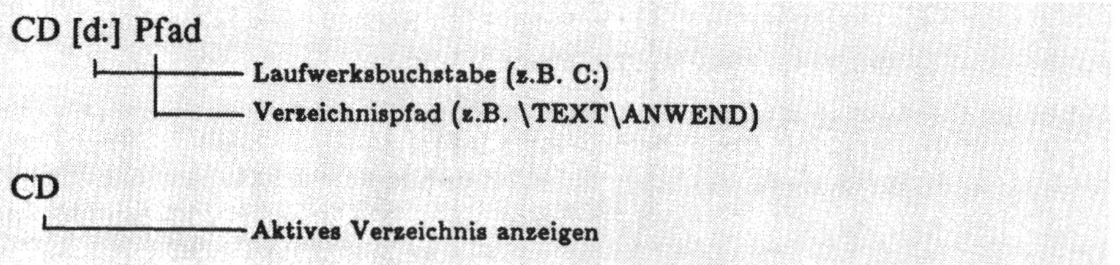

Zwei Formate des Befehls CD

Promptzeichen mit Angabe des Pfades: Nach dem Starten meldet sich MS-DOS z.B. mit A> als seinem Prompt (Bereitschaftszeichen). Da dieses Prompt nur das aktive Laufwerk, nicht aber auch das gerade aktive Verzeichnis anzeigt, ändern wir es bei den Dialogbeispielen ab jetzt wie folgt ab (im Vorgriff zu Abschnitt 1.5.3):

Standard-Prompt von MS-DOS.
Geändertes Prompt, das nach dem Laufwerk auch den Pfad (hier "\") anzeigt.

Wechseln in das Verzeichnis TEXT als Beispiel. Das Verzeichnis TEXT soll aktiviert werden, um dann darin zu arbeiten. Das Dialogprotokoll zeigt folgendes 6-Schritte-Vorgehen:

1) Nach der Eingabe des Befehlswortes CD (ohne weiteren Zusatz) werden das aktive Laufwerk und Verzeichnis angezeigt.
2) Mit dem Befehl CD \TEXT wechselt man in das Unterverzeichnis TEXT. Am Bildschirm wird dies durch das Prompt A:\TEXT>

quittiert (wir nehmen nun das erweiterte Proptzeichen an (siehe oben).

3) Der DIR-Befehl bezieht sich jetzt auf das aktive Verzeichnis TEXT. Vier Verzeichnisse werden angezeigt.

4) Der Einzelpunkt "." steht für das aufgelistete Verzeichnis (also für TEXT), während die beiden Punkte ".." auf das unmittelbar übergeordnete Verzeichnis verweisen - in diesem Falle also auf das Stammverzeichnis "\". Befindet man sich im Verzeichnis TEXT, dann sind die zwei Befehle

```
CD \    und    CD ..
```

identisch, da sie jeweils ins Stammverzeichnis zurückführen.

5) Mit CD \TEXT\ANWEND wird das Verzeichnis ANWEND aktiviert. Der DIR-Befehl bezieht sich nun auf dieses Verzeichnis.

6) Mit dem Befehl CD \ kehrt man ins Stammverzeichnis zurück.

```
A:\>cd                                                    1)
A:\>cd \text                                              2)
A:\TEXT>dir  ·                                            3)
   Diskette/Platte, Laufwerk A:, hat den
   Namen DISK1
Verzeichnis von A:\TEXT
   .              <DIR>       2.01.88    1.11             4)
   ..             <DIR>       2.01.88    1.11
SYSTEM            <DIR>       2.01.88    1.22
ANWEND           <DIR>       2.01.88    1.22
        4 Datei(en)     264192 Byte frei

A:\>cd \text\anwend                                       5)
A:\TEXT\ANWEND>dir
Verzeichnis von A:\TEXT\ANWEND
   .              <DIR>       2.01.88    1.22
   ..             <DIR>       2.01.88    1.22
PRIVAT           <DIR>       2.01.88    1.24
DIENST           <DIR>       2.01.88    1.25
        4 Datei(en)     264192 Byte frei

A:\TEXT\ANWEND>cd \                                       6)
A:\>
```

Vom Stammverzeichnis oder vom aktiven Verzeichnis an suchen: Der Pfad bzw. Suchpfad kann beim Stammverzeichnis (Angabe "\") oder aber beim derzeit aktiven Verzeichnis (Angabe von "\" entfällt) beginnen. Das Dialogprotokoll zeigt dazu drei in ihrer Wirkung identische CD-Befehle:

1) Vom Stammverzeichnis in das Verzeichnis ANWEND wechseln.
2) Vom aktiven Verzeichnis in das Verzeichnis ANWEND wechseln.
3) Vom Stammverzeichnis in das Verzeichnis ANWEND wechseln.

```
A:\>cd \TEXT\ANWEND                                                  1)


A:\TEXT>cd ANWEND                                                    2)
A:\TEXT>cd \TEXT\ANWEND                                              3)
```

1.4.4 Unterverzeichnisse löschen mit RD

Aufgaben des Befehls RD: Als Gegenstück zum Befehl MD dient der Befehl RD zum Löschen eines früher mittels MD eingerichteten Unterver-
zeichnisses. RD ist die Abkürzung für das Befehlswort RMDIR (Remove
Directory). Ein Verzeichnis kann nur dann von Diskette oder Festplatte
entfernt werden, wenn es leer ist, d.h. wenn es keine weiteren Verzeichnisse bzw. Dateien enthält (diese sind zuvor mit ERASE zu löschen).
Ebenso kann das aktive Verzeichnis nicht entfernt werden.

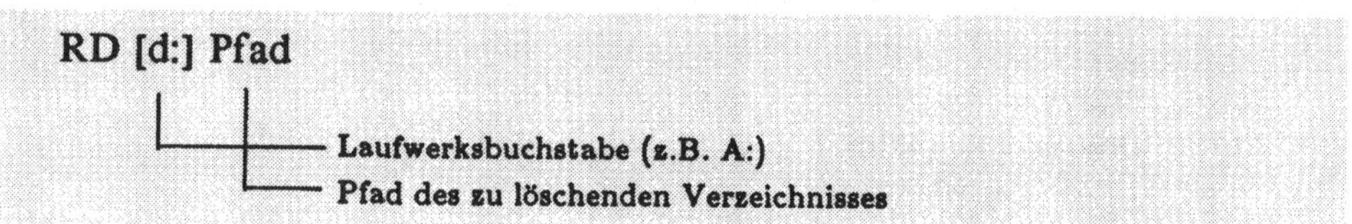

Format des Befehls RD

Beispiel zum Löschen eines Verzeichnisses. Das komplette Verzeichnis
TEXT\ANWEND\DIENST ist von der Diskette A: zu entfernen. Man
geht dazu wie folgt in zwei Schritten vor:
1) Alle Dateien mit dem Befehl ERASE löschen.
2) Befehl RM löscht das Verzeichnis ohne Bestätigungsmeldung.

```
A:\>erase \text\anwend\dienst\*.*                                    1)
   Sind Sie sicher (J/N)? j
A:\>rd \text\anwend\dienst                                           2)
A:\>
```

1.4.5 Verzeichnisse anzeigen mit TREE

Aufgaben des Befehls TREE: Mit dem TREE-Befehl kann man sich das aktive oder alle Verzeichnisse als Baum anzeigen lassen. Mit /F werden auch die Namen der gespeicherten Dateien angezeigt.

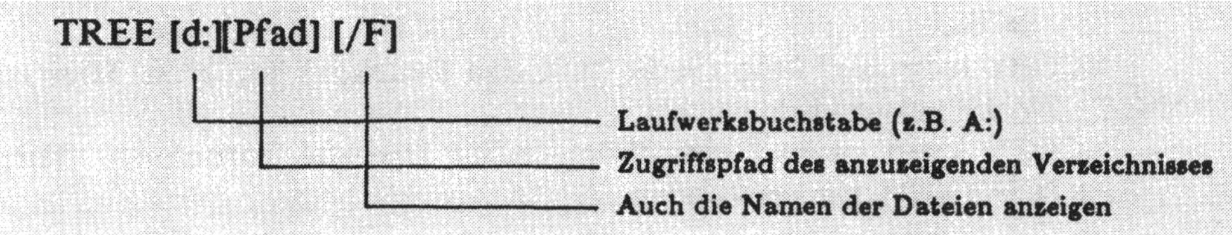

Format des Befehls TREE

Gesamten Verzeichnisbaum anzeigen: Durch den Befehl TREE /F werden die Namen der Verzeichnisse und Dateien angezeigt.

```
A:\>tree /f
Auflistung der Verzeichnispfade für Laufwerk DISK1
Datenträgernummer: 0004-3846
A:.
| COMMAND.COM
  ...
├──HILFE
|  ├──DOSBEF
|  ├──STAPEL
|  |      W.BAT  M.BAT  D.BAT  C.BAT  KOPIE.BAT  FORM.BAT  MENU.BAT
|  └──UTIL
├──TEXT
|  ├──SYSTEM
|  └──ANWEND
|      ├──PRIVAT
|      └──DIENST
├──TABELLE
|  ├──SYSTEM
|  └──ANWEND
├──DATEI
|  ├──SYSTEM
|  └──ANWEND
└──GRAFIK
   ├──SYSTEM
   └──ANWEND
```

7 Stapeldateien in Verzeichnis A:\HILFE\STAPEL gespeichert

Verzeichnisse sind alle leer

Mit TREE (ohne Parameter) wird der Baum im aktiven Laufwerk gezeigt. Mit TREE B:\ /F > PRN wird der Verzeichnisbaum ausgedruckt.

1.4.6 Unterverzeichnisse kopieren mit XCOPY

Aufgaben des Befehls XCOPY: Im Gegensatz zu COPY kann man mit XCOPY auch Verzeichnisse samt Dateiinhalt kopieren.
- Wie bei BACKUP und RESTORE kann der Archiv-Flag beim kopieren getestet und zurückgenommen werden. Nur beim Kopieren von Dateien mehrerer Disketten ist BACKUP vorzuziehen. XCOPY kann auf kein Gerät (z.B. den Drucker) kopieren. Hier ist COPY zu verwenden.
- XCOPY kann keine Gesamtkopie einer Diskette vornehmen. Hier ist DISKCOPY zu verwenden.

XCOPY Quelle Ziel [/A] [/D] [/E] [/M] [/P] [/S] [/V] [/W]

/A	Nur die seit dem letzten XCOPY oder BACKUP veränderten Dateien werden kopiert. Im Gegensatz zu /M bleibt das *Archiv-Flag* erhalten.
/D	Nur die Dateien kopieren, die jünger als /D:tt.mm.jj sind.
/E	Auch leere (empty) Verzeichnisse werden kopiert (/E setzt /S voraus).
/M	Wie /A, aber Archiv-Flags der kopierten Dateien zurücknehmen.
/P	Bestätigung vor dem Kopieren einer Datei erforderlich (Prompting).
/S	Nicht nur das Verzeichnis, sondern auch die nicht-leeren Unterverzeichnisse kopieren. Mit /S/E werden auch die leeren Unterverzeichnisse kopiert.
/V	Kopie auf Fehlerlosigkeit testen (Verify).
/W	Vor dem Kopieren warten, bis z.B. die Diskette gewechselt ist.

Format des Befehls XCOPY

Verzeichnis mit vier Unterverzeichnissen kopieren: Im Verzeichnis TEXT sind die Unterverzeichnisse SYSTEM und ANWEND enthalten, wobei ANWEND in die Verzeichnisse PRIVAT und DIENST gegliedert ist (vgl. Abschnitt 1.4.5). Diese komplette Struktur soll nun in ein Verzeichnis namens NEU kopiert werden. Dazu wird in drei Schritten vorgegangen:

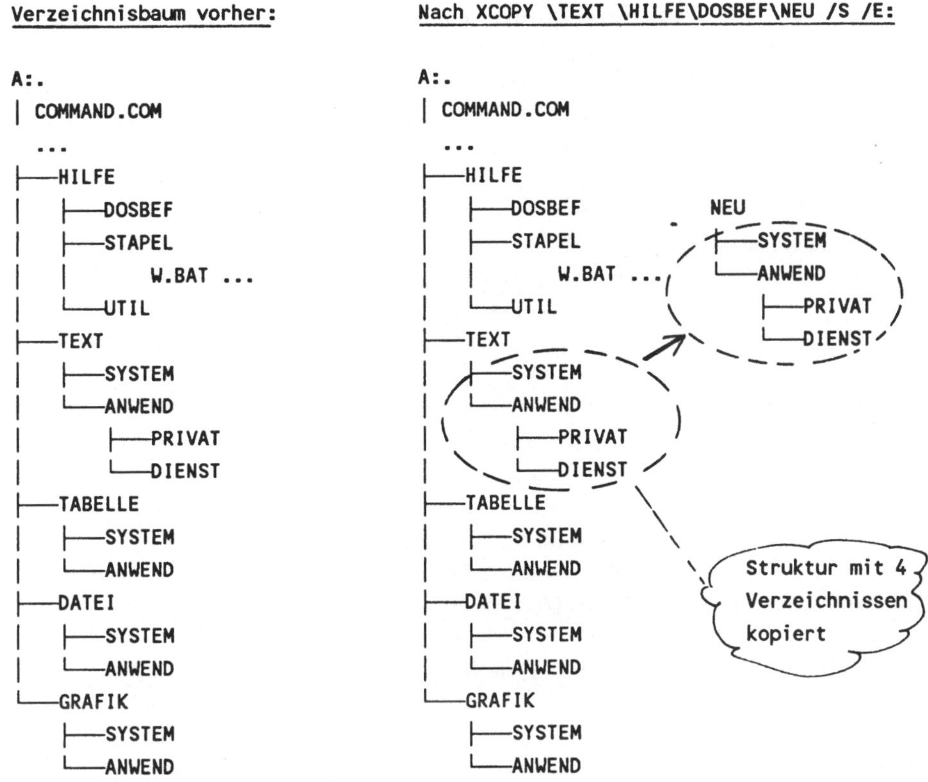

Verzeichnis NEU anlegen (Schritt 1): Nachdem NEU als Verzeichnis im Verzeichnis HILFE\DOSBEF von Laufwerk A: angelegt ist, zeigt das Directory drei Eintragungen

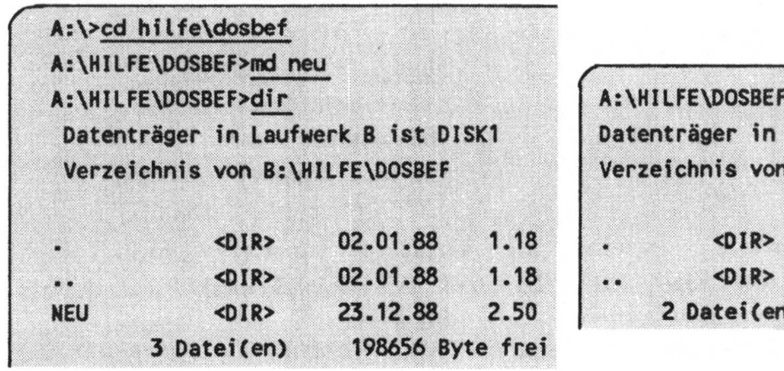

```
A:\>cd hilfe\dosbef
A:\HILFE\DOSBEF>md neu
A:\HILFE\DOSBEF>dir
 Datenträger in Laufwerk B ist DISK1
 Verzeichnis von B:\HILFE\DOSBEF

.            <DIR>      02.01.88    1.18
..           <DIR>      02.01.88    1.18
NEU          <DIR>      23.12.88    2.50
        3 Datei(en)      198656 Byte frei
```

```
A:\HILFE\DOSBEF\NEU>dir
 Datenträger in Laufwerk B ist DISK1
 Verzeichnis von B:\HILFE\DOSBEF\NEU

.            <DIR>      23.12.88    2.50
..           <DIR>      23.12.88    2.50
        2 Datei(en)      198656 Byte frei
```

Verzeichnis TEXT in Verzeichnis kopieren (Schritt 2): Die Meldung "0 Datei(en) kopiert" zeigt an, daß die kopierten Verzeichnisse leer sind. Anstelle von XCOPY \TEXT /S/E (Zielverzeichnis NEU ist aktiv) kann man auch XCOPY \TEXT \HILFE\DOSBEF\NEU /S/E (beliebiges Verzeichnis von A: ist aktiv) eingeben.

```
A:\HILFE\DOSBEF>cd neu
A:\HILFE\DOSBEF\NEU>xcopy \text /s /e
Datei nicht gefunden - ????????.???
        0 Datei(en) kopiert


A:\HILFE\DOSBEF\NEU>dir
 Datenträger in Laufwerk B ist DISK1
 Verzeichnis von B:\HILFE\DOSBEF\NEU


 .           <DIR>      23.12.88    2.50
 ..          <DIR>      23.12.88    2.50
 SYSTEM      <DIR>      23.12.88    3.00
 ANWEND      <DIR>      23.12.88    3.00
        4 Datei(en)     194560 Byte frei
```

Verzeichnisbaum anzeigen (Schritt 3): Im Verzeichnis NEU ist nun das komplette Verzeichnis von TEXT einkopiert worden.

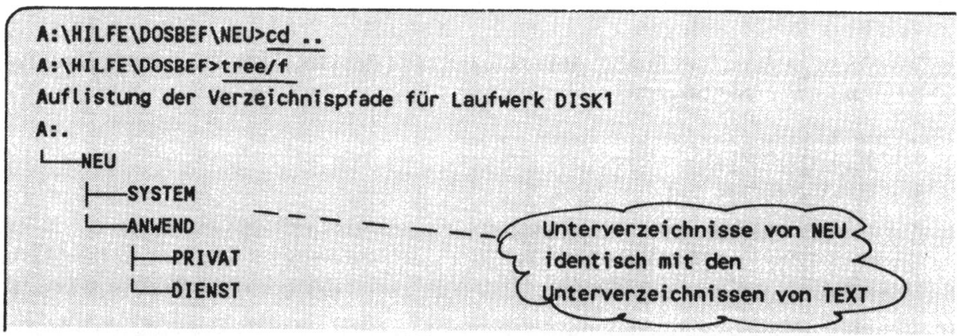

Aufgabe 1.4/1: Zu den Verzeichnisbefehlen von MS-DOS.
   a) Wozu dienen die Befehle MD, CD und RD?
   b) Geben Sie alle Befehle an, um die in Abschnitt 1.4.2 angegebene erweiterte Verzeichnisstruktur aufzubauen.
   c) Wann immer sind die Befehle CD TEXT und CD\TEXT gleich?
   d) Welcher Befehl muß mit dem RD-Befehl vorausgehen (Grund)?
   e) Warum lassen sich in einem strukturierten Verzeichnis mehr Dateien als in einem unstrukturierten Verzeichnis speichern?

f) Unterscheiden Sie P.PRG, C:P.PRG, C:\P.PRG und C:\D\P.PRG.

g) Grenzen Sie ab: Stammverzeichnis, aktives Verzeichnis und über-
    geordnetes Verzeichnis.

1.5 Besondere Stapeldateien zum Starten des Betriebssystems

1.5.1 Konfiguration und Anpassung des Systems

Nach dem Einschalten des PCs führt das System einen Kaltstart durch
(siehe Abschnitt 1.1), der in fünf Schritten wie folgt abläuft:

Schritt 1: Betriebssystem booten
- Die versteckten Dateien MSDOS.SYS und IO.SYS (bei IBM-PC:
  IBMDOS.COM und IBMIO.COM) werden vom Bootlaufwerk A:
  bzw. C: in den RAM geladen.

Schritt 2: Konfigurationsdatei CONFIG.SYS ausführen
- Im Bootlaufwerk wird nach einer Datei namens CONFIG.SYS gesucht und (falls gefunden) ausgeführt: CONFIG.SYS dient der
  System-Konfiguration, d.h. der Zusammenstellung der verschiedenen Geräte bzw. Einheiten des PCs (z.B. Drucker, Tastatur, usw.)
  zu einem funktionsfähigen System. Die Datei CONFIG.SYS enthält
  deshalb Befehle, mit denen dem System die speziellen Anforderungen der angeschlossenen Geräte mitgeteilt werden. Dazu ein
  Beispiel: Ist ein besonders großer Bildschirm (etwa in DIN-A4-
  Größe) angeschlossen, so muß die spezielle Form der Zeichendar-
  stellung auf dem Bildschirm dem System in jedem Fall mitgeteilt
  werden.
- Wird keine Datei CONFIG.SYS gefunden, erhalten die Konfigu-
  rationsparameter die jeweiligen Standardwerte zugeordnet.

Schritt 3: Befehlsprozessor COMMAND.COM laden
- Die Datei COMMAND.COM enthält alle internen Befehle des Betriebssystems, wie z.B. die Befehle COPY und DIR. Diese Datei
  wird nun in den RAM geladen.

Schritt 4: Anpassungsdatei AUTOEXEC.BAT ausführen
- Im Bootlaufwerk wird jetzt nach einer Datei namens AUTO-
  EXEC.BAT gesucht. Wird keine Datei AUTOEXEC.BAT gefun-
  den, so fragt MS-DOS den Benutzer nach dem Datum und der
  Zeit. Andernfalls werden die in der Datei gestapelten Befehle aus-

geführt. Ein solcher Befehl kann z.B. dafür sorgen, daß die deutschen Umlaute korrekt eingegeben werden können.
- Über die Befehle der Datei AUTOEXEC.BAT kann der Benutzer das System seinen eigenen Wünschen und Vorstellungen anpassen.

Schritt 5: Betriebsbereitschaft durch Promptzeichen melden
- Falls in der Datei AUTOEXEC.BAT keine diesbezüglichen Änderungen vorgenommen wurden, erscheint am Bildschirm das Promptzeichen "A>" bzw. "C>".

CONFIG.SYS und AUTOEXEC.BAT als Stapeldateien: In den beiden Dateien sind Befehle gestapelt, die beim Dateiaufruf Befehl für Befehl ausgeführt zu werden. Die Befehlsstapel sind nicht fest vorgegeben. Der Benutzer kann den Typ und die Reihenfolge der Befehle selbst angeben.

1.5.2   Konfigurationsdatei CONFIG.SYS

1.5.2.1 Konfigurationsbefehle

Wird das Systen von der Festplatte C: gebootet, muß die Konfigurationsdatei CONFIG.SYS im Stammverzeichnis C:\ gespeichert sein. MS-DOS stellt ganz spezielle Befehle bereit, die in CONFIG.SYS gestapelt werden können; man bezeichnet sie als *Konfigurationsbefehle*. Eine einfache Datei kann z.B. die Konfigurationsbefehle BREAK, BUFFERS, COUNTRY und DEVICE enthalten:
1) Durch Eingabe des TYPE-Befehls kann man sich den Inhalt der Datei CONFIG.SYS anzeigen lassen.
2) Fünf Konfigurationsbefehle sind als Befehlsstapel abgelegt.
3) MS-DOS meldet sich wieder mit seinem Promptzeichen.

```
C:\> type config.sys                              1)
files=16                                          2)
buffers=20
country=049
device=c:\ansi.sys
device=c:\vdisk.sys 96 128 64
C:\>                                              3)
```

Konfigurationsdatei CONFIG.SYS mit fünf Befehlen

Von CONFIG.SYS aufgerufene Dateien: Die Datei CONFIG.SYS steht im Stammverzeichnis C:\ der Festplatte. Die von ihr aufgerufenen Dateien ANSI.SYS, COUNTRY.SYS und VDISK.SYS müssen ebenfalls im Verzeichnis C:\ gespeichert sein, da beim Aufruf dieses Verzeichnis genannt wird.

- Mit COUNTRY=049 bzw. C:\COUNTRY=049 wird die Datei COUNTRY.SYS im aktiven Verzeichnis gesucht, d.h. im Stammverzeichnis C:\.
- Beim Aufruf von C:\HILFE\DOSBEF\COUNTRY=049 würde die Datei COUNTRY.SYS in einem anderen Verzeichnis gesucht werden, nämlich in C:\HILFE\DOSBEF.

Zum Befehl INSTALL in CONFIG.SYS: vgl. Abschnitt 1.5.3.5.

Eingabe der Datei CONFIG.SYS: Über den Befehl COPY CON kann man Textdateien - so auch CONFIG.SYS - über die Tastatur eingeben; mit Strg-Z bzw. Ctrl-Z wird die Eingabe abgeschlossen.

```
copy con config.sys

...

...    Jede Textzeile mit Return-Taste abschließen

...

Strg-Z
```

Befehl COPY CON zur Tastatureingabe einer beliebigen Textdatei

Konfigurationsbefehl FILES: Die Höchstanzahl der unter MS-DOS gleichzeitig geöffneten Dateien wird auf 16 festgelegt. Als Standard voreingestellt ist FILES=8.

Konfigurationsbefehl BUFFERS: Mit BUFFERS=15 als Voreinstellung werden im RAM 15 Pufferspeicher für das Zwischenspeichern beim Zugriff auf die Festplatte bzw. Diskette reserviert. Arbeitet man z.B. mit dem Datenbanksystem dBASE, sollte BUFFERS=20 oder darüber eingestellt sein.

Konfigurationsbefehl COUNTRY: Mit COUNTRY=049 wird das deutsche Format für die Eingabe von Datum, Uhrzeit usw. eingestellt. 049 ist der Landescode für den deutschsprachigen Raum. COUNTRY=001 ist als Standard für den US-Landescode voreingestellt.

Konfigurationsbefehl DEVICE=ANSI.SYS: Mit dem DEVICE-Befehl wird ein Geräte- bzw. Einheitentreiber aktiviert, d.h. ein Programm, das ein bestimmtes Gerät (z.B. Tastatur, Bildschirm, Drucker) "antreibt", in dem es dafür sorgt, daß die Datenübertragung zwischen dem Gerät und dem

PC reibungslos funktioniert. ANSI.SYS ist der erweiterte Bildschirmtreiber.

1.5.2.2 Einrichten einer RAM-Disk

Konfigurationsbefehl DEVICE=VDISK.SYS: Wird ein PC mit einer Festplatte betrieben, teilt MS-DOS folgende Laufwerksbuchstaben zu:
- A: für das erste Diskettenlaufwerk.
- B: für ein (später anzuschließendes) zweites Diskettenlaufwerk.
- C: für die Festplatteneinheit.
- D: für eine RAM-Disk als virtuelles Diskettenlaufwerk.
- E: für ein weiteres externes Laufwerk.
- F: ...

Unter einer RAM-Disk versteht man einen abgegrenzten Teil des RAMs, der wie ein Diskettenlaufwerk angesprochen und mit dem Einheitentreiber VDISK.SYS eingerichtet wird. Der Befehl

```
device = c:\vdisk.sys 96 128 64
```

bewirkt folgendes: Vom RAM wird ein Speicherbereich von 96 KByte Größe für eine RAM-Disk bereitgestellt. Die Sektorgröße beträgt 128 Byte (möglich: 128, 256, 512), und in die RAM-Disk können maximal 64 Namen (möglich zwischen 2 - 512) eingetragen werden. Die RAM-Disk erhält automatisch den Laufwerksbuchstaben D: als nächsten unbelegten Buchstaben zugewiesen.

Arbeiten mit der RAM-Disk. Das folgende Dialogprotokoll zeigt einige typische Zugriffe auf die RAM-Disk:
1) Alle Dateien der RAM-Disk löschen. DOS stellt zur Sicherhait die Frage "Sind Sie sicher (j/n)?".
2) Die RAM-Disk D: als aktives Laufwerk einstellen: alle nachfolgenden Befehle beziehen sich auf die RAM-Disk als Default-Laufwerk.
3) Alle Dateien von A: nach D: kopieren.
4) Alle Dateien von D: nach B: kopieren. 3) und 4) verwendet man, wenn bei einem PC mit nur einem Diskettenlaufwerklaufwerk eine Diskette mehrfach zu kopieren ist.
5) Alle Dateien auf der RAM-Disk löschen, deren Namen mit den drei Buchstaben "ART" beginnen.
6) Alle TXT-Dateien von der RAM-Disk in das Unterverzeichnis \HILFE\STAPEL der Festplatte C: kopieren.

```
C:\>erase d:*.*                                    1)
C:\>d:                                             2)
D:\>copy a:*.*                                     3)
D:\>copy *.* a:                                    4)
D:\>erase art*.*                                   5)
D:\>d:*.TXT c:\HILFE\STAPEL                         6)
```

Vor- und Nachteile der RAM-Disk: Die RAM-Disk eignet sich hervorragend zum Zwischenspeichern von Dateien. Ein Datenzugriff erfolgt wesentlich schneller als der Zugriff auf Daten, die sich auf der Festplatte oder Diskette befinden. Beim Abschalten des PCs jedoch geht der gesamte Inhalt der RAM-Disk verloren (flüchtiger Speicher). Aus diesem Grunde ist stets zu überlegen, welche Dateien noch auf Permanentspeicher wie Festplatte oder Diskette zu kopieren sind.

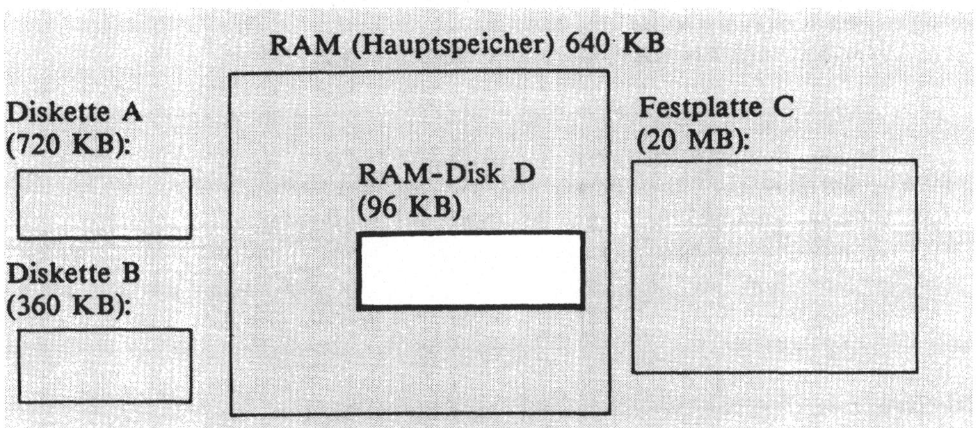

RAM-Disk D: als besonderer Teil des RAM

1.5.3 Anpassungsdatei AUTOEXEC.BAT

1.5.3.1 Stapeldatei

In der folgenden Anpassungsdatei sind die Befehle KEYB, PROMPT, DATE und VER gestapelt:

1) Die Datei AUTOEXEC.BAT ist eine Textdatei und wird - wie alle anderen Textdateien - durch den TYPE-Befehl angezeigt.
2) KEYB GR als erster in der Datei gestapelter Befehl für die deutsche Tastatur.
3) Nach dem Anzeigen der acht Befehlszeilen erscheint das Prompt.

```
C:\>type autoexec.bat                            1)
keyb gr                                          2)
prompt $p$g
date
ver
C:\>                                             3)
```

AUTOEXEC.BAT in einfacher Form

Beim Booten werden nacheinander die Dateien CONFIG.SYS (Abschnitt 1.5.2.1) und AUTOEXEC.BAT ausgeführt. Dabei erscheint am Bildschirm folgendes Protokoll:

1) Befehl DEVICE=C:\VDISK.SYS 96 128 64 von CONFIG.SYS wird ausgeführt, um die RAM-Disk einzurichten.
2) Anpassung an die Deutsche Tastatur. Befehl COUNTRY=049.
3) Promptzeichen wird geändert. Befehl PROMPT PG.
4) Datum eingeben; Befehl DATE.
5) Version von MS-DOS anzeigen; Befehl VER.

```
IBM DOS Version 4.00.  VDISK Virtuelle Platte D:     1)
   Puffergröße:        96 KByte
   Sektorgröße:        128
Verzeichniseinträge:   64


C:>keyb gr                                           2)


C:\>prompt $p$g                                      3)


C:\>date                                             4)
Systemdatum: Mi. 30.11.1988
Neues Datum eingeben (tt.mm.jj): 30.11.88


C:\>ver                                              5)
IBM DOS Version 4.00
C:\>
```

Bildschirmprotokoll bei Ausführung von CONFIG.SYS und AUTOEXEC.BATBild 1: Bildschirm nach Booten

AUTOEXEC.BAT als Stapeldatei: Der Dateityp BAT (engl. Batch für Stapel) weist darauf hin, daß in dieser Datei mehrere Befehle gestapelt angeordnet sind, die bei der Ausführung der Datei in der Reihenfolge des Stapels ausgeführt werden. Man spricht von einer Stapeldatei (engl. Batchfile). Die Stapeldatei AUTOEXEC.BAT wird ausgeführt, in dem man ihren Namen AUTOEXEC (ohne den Dateityp) nennt.

Befehl KEYB GR: Mit dem Befehlsaufruf KEYB (für Keyboard) GR (für Germany als Argument) wird die deutsche Tastatur bzw. der deutsche Zeichensatz eingestellt.
- Ab MS-DOS Version 3.3: Die Dateien KEYB.COM und KEYBOARD.SYS müssen im aktiven Verzeichnis gespeichert sein. Der externe Befehl KEYB.COM lädt die Tastaturdefinitionsdatei KEYBOARD.SYS, aus der dann bei Angabe des Arguments GR die deutsche Tastaturbelegung ausgewählt wird.
- Bis MS-DOS Version 3.2: Die Datei KEYBGR.COM muß gespeichert sein; sie enthält den deutschen Zeichensatz.

Befehl DATE: Das Datum wird über die Tastatur abgefragt. Da in der Konfigurationsdatei CONFIG.SYS mit COUNTRY=049 die Nummer 49 für Deutschland angegeben wurde, kann das Datum im Format "tt,mm,jj" eingetippt werden.

Befehl VER: Die Versionsnummer des Betriebssystems wird angezeigt.

```
C:\>dir
 Datenträger in Laufwerk C ist FESTPLATTE
 Datenträgernummer: 2442-32C4                          aufgerufen in Datei:
 Verzeichnis von C:\
 ANSI      SYS      9149 29.08.88     8.00             CONFIG.SYS
 AUTOEXEC  BAT        31 30.11.88    19.13
 COMMAND   COM     38523 29.08.88     8.00
 CONFIG    SYS        82 30.11.88    19.09
 COUNTRY   SYS     12838 29.08.88     8.00             CONFIG.SYS
 DISKCOPY  COM     10540 29.08.88     8.00
 FORMAT    COM     23211 29.08.88     8.00
 KEYB      COM     14899 29.08.88     8.00             AUTOEXEC.BAT
 KEYBOARD  SYS     23360 29.08.88     8.00             AUTOEXEC.BAT
 SYS       COM     11600 29.08.88     8.00
 VDISK     SYS      6443 29.08.88     8.00             CONFIG.SYS
 XCOPY     EXE     17279 29.08.88     8.00
 HILFE          <DIR>
 ...
```

MS-DOS-Dateien im Stammverzeichnis von C:

1.5.3.2 Promptzeichen ändern mit PROMPT

Befehl PROMPT: Mit dem in der Datei AUTOEXEC.BAT genannten Befehl

```
prompt $p$g
```

wird das voreingestellte Promptzeichen A>, B>, C>, ... so geändert, daß nicht nur das Laufwerk, sondern der komplette Pfad vor dem ">"-Zeichen angezeigt wird. Dabei stehen p für "aktive Pfade (engl. path) anzeigen" und g für "Größer-Zeichen > anzeigen".

- Arbeitet man im Unterverzeichnis C:\TEXT\ANWEND\PRIVAT, dann meldet sich MS-DOS mit dem recht informativen Promptzeichen C:\TEXT\ANWEND\PRIVAT>, nicht aber mit dem standardmäßig vorgesehenen Promptzeichen C>.
- Bei den in Abschnitt 4.4 wiedergegebenen Dialogprotokollen wurde dieses erweiterte Promptzeichen zugrunde gelegt.

```
PROMPT = $z
             |
             |— p aktiver Pfad
             |— g Größer-Zeichen ($n$g als Standard)
             |— n aktive Laufwerksnummer
             |— t Uhrzeit (time)
             |— d Datum
```

Format des Befehls PROMPT

1.5.3.3 Suchpfade einrichten mit PATH

Nach der Eingabe eines externen Befehls sucht MS-DOS normalerweise nur im aktiven Verzeichnis nach der zugehörigen Befehlsdatei. Mit dem PATH-Befehl kann man ein oder mehrere Verzeichnisse angeben, in denen MS-DOS zusätzlich suchen soll. Fügt man den Befehl

```
path c:\; c:\hilfe\dosbef
```

in die Datei AUTOEXEC.BAT ein, dann sucht das Betriebssystem bei jedem Befehlsaufruf automatisch auch im Pfad C:\ (Stammverzeichnis) und

im Pfad C:\HILFE\DOSBEF. Die Suchpfade sind durch ";" zu trennen.
Wird ohne Parameter

     `path`

eingegeben, dann wird der aktive Suchpfad angezeigt. Mit

     `path ;`

werden sämtliche aktiven Pfade gelöscht.

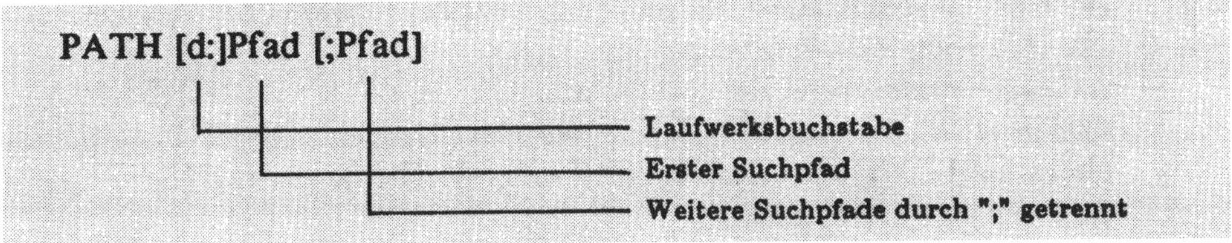

Format des Befehls PATH

1.5.3.4 AUTOEXEC.BAT erweitern

Die in Abschnitt 1.5.3.1 wiedergegebene Datei AUTOEXEC.BAT hat einige Mängel, die in der folgenden Datei behoben werden:

```
C:\>type autoexec.bat
aecho off                                               1)
rem Anpassungsdatei autoexec.bat, 11.2.1989, Kai, Version 2   2)
rem 11.2.1989, Kai, Version 2
set comspec=c:\command.com                              3)
keyb gr
prompt $p$g
path= c:\; c:\hilfe\dosbef
cls                                                     4)
date
ver
```

Datei AUTOEXEC.BAT in erweiterter Form

1) @ECHO OFF: Standardmäßig ist ECHO ON eingestellt, d.h. bei der Ausführung von AUTOEXEC.BAT wird jede ausgeführte Befehlszeile mit Bildschirmmeldungen kommentiert. Mit dem Befehl ECHO OFF wird die Ausgabe von Systemmeldungen unterdrückt. Mit dem @-Befehl gilt das Unterdrücken auch für den ECHO-Befehl selbst.

2) REM: Hinter dem Befehlswort REM kann man Kommentar angeben, der beim Anzeigen der Befehlszeilen mittels TYPE gezeigt wird, nicht aber bei der Ausführung der Stapeldatei.

3) SET COMSPEC=C:\HILFE\DOSBEF\COMMAND.COM: In die Umgebungs- bzw. Environment-Variable COMSPEC wird der Name des Befehlsprozessors (COMMAND.COM) samt Zugriffspfad (hier C:\HILFE\-DOSBEF) gespeichert. Geht der Befehlsprozessor verloren, kann er über die Variable COMSPEC gefunden und geladen werden. COMSPEC wird auch gelesen, um nach dem Verlassen der Befehlszeilen-Oberfläche wieder zur Menü-Oberfläche zurückzugehen.

4) Befehl CLS zum Löschen des Bildschirmes (Clear Screen).

1.5.3.5 KEYB in CONFIG.SYS installieren

Ab MS-DOS 4.0 kann man den Befehl KEYB GR aus AUTOEXEC.BAT (Abschnitt 1.5.3.4) entfernen, wenn man die Tastaturbelegung mit IN-

STALL bereits in CONFIG.SYS definiert. Die Datei CONFIG.SYS (vgl.
Abschnitt 1.5.2.1) soll dazu wie folgt geändert werden:

```
files=16
buffers=20
country=049,,c:\hilfe\dosbef\country.sys                                    1)
shell=c:\hilfe\dosbef\command.com /p /E:256                                 2)
device=c:\hilfe\dosbef\ansi.sys
device=c:\hilfe\dosbef\vdisk.sys Kapazität=96 Sektoren=128 Dateinamen=64    3)
install=c:\hilfe\dosbef\keyb.com gr,,c:\hilfe\dosbef\keyboard.sys           4)
```

Datei CONFIG.SYS gegenüber Abschnitt 1.5.2.1 erweitert

1) COUNTRY.SYS ist in einem anderen als dem Stammverzeichnis zu suchen; aus diesem Grunde gibt man den Suchpfad (HILFE\DOSBEF) an.

2) SHELLC lädt den Befehlsprozessor aus dem Verzeichnis HILFE\DOS-
BEF, startet ihn und auch - durch /P veranlaßt - AUTOEXEC.BAT. Mit
/E:256 werden 256 Bytes für die Umgebungsvariablen reserviert.

3) VDISK.SYS erlaubt die Angabe von Kommentar (z.B. Kapazität=), der
bei der Befehlsausführung vom System ignoriert wird.

4) INSTALL lädt die Tastaturbelegung samt Zeichensatztabelle bereits
beim Konfigurieren in den RAM; KEYB.COM wird gestartet und im
RAM resident installiert, verbleibt also im Hauptspeicher. Dies ist von
Vorteil, da INSTALL die Datei KEYB.COM günstiger (da früher) im
RAM ablegen kann als später AUTOEXEC.BAT. Auch die über SELECT
erzeugten Dateien CONFIG.SYS verwenden INSTALL (Abschnitt 2.1.1.3).

Aufgabe 1.5/1: Zur Datei CONFIG.SYS.
   a) Die in CONFIG.SYS angegebenen Konfigurationsbefehle werden
      auch als Ersetzungsbefehle bezeichnet. Was wird ersetzt?
   b) Richten Sie eine RAM-Disk mit 256 KB ein. Wie gehen Sie vor?

Aufgabe 1.5/2: Zur Datei AUTOEXEC.BAT.
   a) Wie lautet der Prompt-Befehl, damit am Bildschirm
      C:\TEXT>,
      C:\> bzw.
      C:\TEXT\ANWEND\DIENST>
   als Prompt erscheinen.
   b) Geben Sie den PATH-Befehl an zur Suche
      in C:\DATEI\SYSTEM,

in C:\TEXT\ANWEND\PRIVAT und
im Stammverzeichnis von C:.

Aufgabe 1.5/3: "AUTOEXEC.BAT wird vom System und CONFIG.SYS kann vom Benutzer aufgerufen werden." Beurteilen Sie diese Aussage.

1.6 Stapelprogrammierung

1.6.1 Stapelprogramme erstellen

In MS-DOS kann man wiederholt benötigte Befehlsfolgen in Dateien stapeln, um sie dann bei Bedarf aufzurufen und auszuführen. Die Dateien nennt man *Stapelverarbeitungsdateien*, *Stapeldateien* oder *Batchdateien* (engl. *batch* für Stapel). Man spricht auch von Batchprogrammen. MS-DOS stellt für Stapeldateien besondere Befehle zur Verfügung:

cls	**Bildschirm löschen.**
echo [on/off/Nachricht]	**Bildschirmanzeige bei Ausführung.**
for %%Variable in Satz	
do Befehl	**Wiederholung in Stapeldatei**
goto :Sprungziel	**Verzweigung zu Sprungziel**
if [not] Bedingung Befehl	**Bedingte Befehlsausführung**
pause [Bemerkung]	**Unterbrechung der Stapelausführung**
rem [Bemerkung]	**Bemerkung am Bildschirm anzeigen**
shift	**Über 10 Parameter bereitstellen**

Stapelverarbeitungsbefehle von MS-DOS

1.6.1.1 Eingabe einer Stapeldatei

Eine Stapeldatei namens STAP1.BAT soll eingegeben (editiert) werden. Man kann dazu wie folgt auf vier Arten vorgehen:

1.	EDLIN STAP1.BAT	Editor EDLIN nutzen
2.	Word, Wordstar usw.	Textverarbeitungsprogramm (aber ohne Formatierung eingeben)
3.	COPY CON STAP1.BAT	Direkteingabe MS-DOS über COPY
4.	TYPE CON > STAP1.BAT	Direkteingabe MS-DOS über TYPE

Die Direkteingabe durch COPY bzw. TYPE ist durch Strg-Z bzw. Ctrl-Z
abzuschließen. Der Dateityp BAT kennzeichnet den Eingabetext als
Batch- bzw. Stapeldatei:

1.6.1.2 Ausführung einer Stapeldatei

Die Stapeldatei STAP1.BAT bringt zur Ausführung, indem man den
Dateinamen STAP1 über die Tastatur eintippt oder den Namen STAP1
von einer anderen (Stapel-)Datei aus aufruft.

Anzeigen/Ausdrucken einer Stapeldatei:
Zum Beispiel durch Eingabe von TYPE STAP1.BAT. Durch vorangestellte
Eingabe von Strg-P den Programmtext zum Drucker leiten.

1.6.2 Lineare Stapelprogramme

An einem Programm namens LINEAR1.BAT soll gezeigt werden, wie die
Befehle CLS, ECHO, PAUSE und REM in einem linearen Programm gestapelt werden. Bei ECHO OFF werden Bemerkungen durch REM nicht
angezeigt. ECHO (ohne Angabe eines Parameters) gibt den aktuellen
Status an (voreingestellt ist ON).

Quelltext zu Stapelprogramm LINEAR1.BAT:

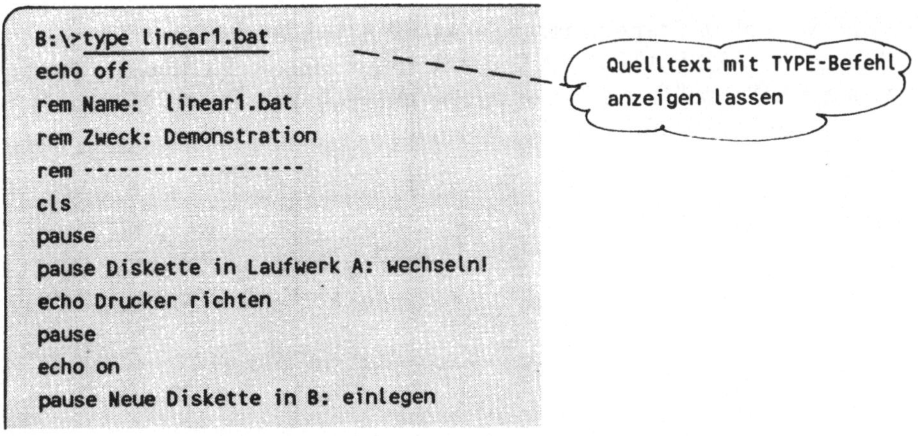

Ausführung zu Stapelprogramm LINEAR1.BAT:

```
B:\>linear1
B:\>echo off
Wenn bereit, eine Taste betätigen ...
Wenn bereit, eine Taste betätigen ...
Drucker richten
Wenn bereit, eine Taste betätigen ...


B:\>pause Neue Diskette in B: einlegen
Wenn bereit, eine Taste betätigen ...
```

1.6.3 Stapelprogramme mit Auswahl

Auswahlstrukturen werden durch den IF-Befehl kontrolliert. IF stellt drei Nutzungsmöglichkeiten bereit:

1. **if exist Dateiname** oder **if not exist Dateiname**
    Bedingung: Existenz einer Datei prüfen

2. **if errorlevel1**
    Bedingung: Fehlercode 1 (1 als Beispiel) prüfen

3. **if String1==String2**
    Bedingung: Zwei Strings bzw. Zeichenfolgen vergleichen

Drei Formen des IF-Befehls

1.6.3.1 IF EXIST

IF EXIST-Befehl in Stapelprogramm AUSWAHL1.BAT:
Das Programm AUSWAHL1.BAT prüft seine eigene Existenz. Der Befehlszusatz EXIST prüft die Existenz der angegebenen Datei. Mittels NOT EXIST kann das Gegenteil geprüft werden.

Quelltext zu Stapelprogramm AUSWAHL1.BAT:

```
B:\>type auswahl1.bat
echo off
rem Name: auswahl1.bat
rem -----------------
if exist auswahl1.bat echo ... Programm AUSWAHL1.BAT ist gefunden
if not exist xx08.bat echo XX08.BAT im aktiven Laufwerk nicht vorhanden
```

Ausführung zu Stapelprogramm AUSWAHL1.BAT

```
B:\>auswahl1
... Programm AUSWAHL1.BAT ist gefunden
XX08.BAT im aktiven Laufwerk nicht vorhanden
```

1.6.3.2 IF ERRORLEVEL

IF-ERRORLEVEL-Befehl in Stapelprogramm AUSWAHL2.BAT:
Durch ERRORLEVEL kann man im Stapelprogramm einen Fehlercode
abfragen und entsprechend reagieren. Die Befehle BACKUP, FORMAT,
REPLACE und RESTORE können einen Fehlercode setzen. Das Stapelprogramm AUSWAHL2.BAT dient dem Formatieren einer Diskette.

Quelltext zu Stapelprogramm AUSWAHL2.BAT:

```
B:\>type auswahl2.bat
echo off
rem Name: auswahl2.bat
rem -----------------
format b: /v
if errorlevel 4 echo Hardwarefehler oder sonstiger Fehler
if errorlevel 3 echo Befehl wurde mit Strg-C abgebrochen
if not errorlevel 1 echo Diskette in B: wurde formatiert. Ok
if errorlevel 1 echo FORMAT-Befehl konnte nicht ausgeführt werden!
```

1.6.3.3 IF Stringvergleich

Parameter %1, %2, ...: Im Befehl IF Programm AUSWAHL3.BAT wird
IF mit einem Stringvergleich mit (Schein-)Parametern verwendet. In eine

Stapeldatei können beliebig viele *(Schein-)Parameter %1, %2,* ... geschrieben werden, um diese dann durch Werte zu ersetzen, die beim Aufruf des Stapels angegeben werden. Im Programm AUSWAHL3.BAT werden je nach Parametereingabe von A, T und P die gewünschten Dateien
angezeigt. Dabei wird der Wert des Parameters %1 mit einem Buchstaben
verglichen (z.B. %1==T); es wird also ein *Stringvergleich* durchgeführt.

Mit Parametern %1,... kann auch innerhalb der Befehlszeile eines Menüpunktes in der Menü-Oberfläche gearbeitet werden (vgl. Abschnitt 3.4).

Quelltext zu Stapelprogramm AUSWAHL3.BAT:

```
B:>\type auswahl3.bat
echo off
rem Name: auswahl3.bat
rem ------------------
echo Welche Dateien in Laufwerk B: anzeigen:
echo A)lle? T)exte? P)ascal? (A, T oder P eintippen)
echo if %1==A dir b:\*.*/w /p
echo if %2==T dir b:\*.txt
echo if %1==P dir b:\*.pas /w
```

Ausführung zu Stapelprogramm AUSWAHL3.BAT:

```
B:>\auswahl3
Welche Dateien in Laufwerk B: anzeigen:
A)lle? T)exte? P)ascal? (A, T oder P eintippen)
T

 Datenträger in Laufwerk B ist PASCAL_UEB
 Datenträgernummer: 2451-32C5
 Verzeichnis von B:\

BERICHT  PAS     12870 29.01.89    8.00
VERSUCH6 PAS       431 03.02.89   19.13
...
```

Parametereingabe überprüfen über Stapelprogramm AUSWAHL4.BAT:
Ruft man ein mit Parameter(n) aufzurufendes Stapelprogramm aus Verse-
hen parameterlos auf, endet der Aufruf mit einem "Syntax Error". Zur Sicherheit sollte man eine Abfrage *IF NOT "%1==" GOTO WEITER* vorse-
hen, damit nur der korrekte Programmaufruf weiterverarbeitet wird (Verzweigung zu Label *:WEITER*). Zu beachten sind die Gänsefüßchen beim

Befehl *IF NOT "%1=="*; mit *IF NOT %1==...* könnte man keinen Leer-
string feststellen.

Quelltext zu Stapelprogramm AUSWAHL4.BAT:

```
B:\>type auswahl4.bat
echo off
rem Name: auswahl4.bat
rem Zweck: Parametereingabefehler testen
rem ---------------------------------
if not "%1==" goto weiter
echo Programm mit Parameter aufrufen
goto ende
:weiter
echo ... Programm beginnt ... endet
:ende
echo Ende von Programm AUSWAHL4.BAT
```

Zwei Ausührungen zu Stapelprogramm AUSWAHL4.BAT:

```
B:\>auswahl4
echo off
Programm mit Parameter aufrufen
Ende von Programm AUSWAHL4.BAT
```

```
B:\>auswahl4
echo off
... Programm beginnt ... endet
Ende von Programm AUSWAHL4.BAT
```

1.6.4 Stapelprogramme mit Wiederholung

FOR-Befehl kontrolliert Schleife: Das Stapelprogramm WIEDER1.BAT
formatiert eine in B: einliegende Diskette, überträgt das Betriebssystem
(Parameterangabe /S) und kopiert bestimmte, nach drei Kriterien unter-
schiedene Dateien von C: nach B:. Die Einzeilen-Schleife wird durch den
FOR-Befehl kontrolliert und genau dreimal durchlaufen.

Quelltext zu Stapelprogramm WIEDER1.BAT:

```
B:\>type wieder1.bat
echo off
rem name: wieder1.bat
rem Zweck: Eine Systemdiskette für Turbo Pascal in B: erstellen
rem -------------------------------------------------------------
break=off
```

```
c:\format b: /s
for %%a in (turbo* tlist*.* *.pas) do copy c:\%%a b:
echo Pascal-Systemdiskette in B. erstellt.
```

Aufgabe 1.6/1: Zur Programmierung von Stapelprogrammen.
  a) Beschreiben Sie jeden Stapelverarbeitungsbefehle am Beispiel.
  b) Wie erstellt man eine Batchdatei (vier Möglichkeiten)?

Aufgabe 1.6/2: Was bezwecken die drei linearen Stapelprogramme (Festplatte C: und RAM-Disk D:)? Was ist wohl in MENUE.BAT gestapelt?:

```
rem stapel1              rem stapel2              rem stapel3
echo off                 c:                       echo off
c:                       cd\text\system           c:
cd\datei\system          copy wird.com d:         cd\hilfe\dosbef
dbase                    copy mw.pgm d:           diskcopy a: b:
c:                       copy mw.ini d:           menue
cd\                      d:
menue                    word
                         c:
                         cd\
                         copy d:mw.ini c:\text\system
                         menue
```

Aufgabe 1.6/3: Was bezwecken die folgenden Stapelprogramme mit Aus-
wahl? Geben Sie je drei Beispiele für den Programmaufruf. Ändern
Sie das Kopierprogramm STAPEL5.BAT so ab, daß die Abfragen von
Programm STAPEL4.BAT berücksichtig werden.

```
rem stapel4                             rem stapel5
echo off                                echo off
if "%1=="  if "%2==" goto meldung1      copy %1 %2
if "%2==" goto meldung2                 echo Dateien kopiert
echo zwei Parameter korrekt eingegeben
goto schluss
:meldung1
echo kein Parameter eingegeben
goto schluss
:meldung2
echo der zweite Parameter fehlt
:schluss
echo Ende von Stapelprogramm Stapel3.bat
```

Aufgabe 1.6/4: Wozu dient das Stapelprogramm mit Wiederholung?

```
rem stapel6
for %%a in (*.%1) do type %%a
```

1.7   Stapelprogramme in der Menü-Oberfläche

1.7.1 Befehlszeile mit mehreren Befehlen

Auch in der Menü-Oberfläche ist Stapelverarbeitung möglich (vgl. Abschnitt 2.1.3). In der Befehlszeile eines Menüpunktes lassen sich Befehle durch ‖ (Alt-186) stapeln.

Befehlszeile mit einem Befehl: In einem Menüpunkt *Verzeichnis kopieren* soll ein XCOPY-Befehl wie folgt abgelegt werden:

```
| Befehle . . .   [xcopy a:*.* b: /s     > |
```

Das bedeutet, daß nach dem Starten des Menüpunktes ohne Warten sofort mit dem Kopieren (/s: einschließlich Unterverzeichnisse) begonnen wird.

Befehlszeile mit mehreren durch ‖ getrennten Befehlen: Soll vor dem Kopieren eine Pause eingelegt werden, um erst nach Tastendruck fortzufahren, schreibt man in der Befehlszeile:

```
| Befehle . . .   [pause | xcopy a:*.* b: /s     > |
```

Die zwei Befehle *PAUSE* und *XCOPY A:*.* B:/S* werden durch das Zeichen ‖ getrennt, das man über F4 oder über Alt-186 (bei gedrückter Alt-Taste die Zahl 186 tippen) erreicht. Um auch nach dem Kopieren auf eine beliebige Taste zu warten, schreibt man:

```
| Befehle . . .   [pause | xcopy a:*.* b: /s | pause    > |
```

Die drei Befehle PAUSE, XCOPY und PAUSE werden nun in der Reihenfolge abgearbeitet, in der sie in der Befehlszeile mit ‖ aufgelistet sind.

Anmerkung für die Befehlszeilen-Oberfläche von DOS: Das Zeichen ‖ (Alt-186) darf nicht mit dem Pipe-Zeichen | (Alt-124) verwechselt werden.

1.7.2 Befehlszeile mit Parametern

Erstes Beispiel anhand des DIR-Befehls: Mit dem DIR-Befehl wird das Inhaltsverzeichnis der Dateien des aktiven Laufwerks angezeigt (siehe Abschnitt 1.2). Mit DIR werden alle Dateien gezeigt, mit DIR *.TXT alle TXT-Dateien und mit DIR KUND*.PAS alle PAS-Dateien, sofern sie mit den vier Zeichen "KUND" beginnen. Soll die Entscheidung durch den Benutzer über ein Fenster vorgenommen werden, schreibt man DIR []. Die eckigen Klammern (Alt-91 für "[" und Alt-93 für "]") symbolisieren ein Eingabefenster und bedeuten: *"Die über das Fenster eingetippten Werte sind als Parameter an den Befehl DIR zu übergeben."*

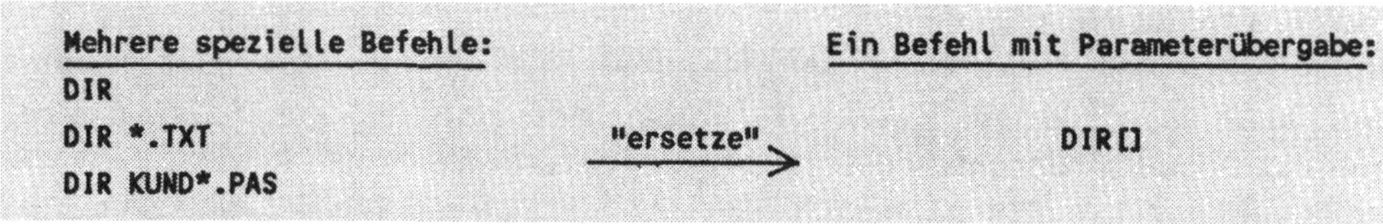

Parameterübergabe über [ ] als Fenster zur flexiblen Benutzereingabe

Zweites Beispiel anhand des FORMAT-Befehls: Eine Eingabe ohne vorherige Eingabeaufforderung bzw. -hinweise ist wenig sinnvoll; der Benutzer muß wissen, welche Parameter einzugeben sind. Aus diesem Grunde stellt DOS zahlreiche Befehle bereit, die in das []-Fenster zum Zweck der Benutzerinformation geschrieben werden können. Ein anschauliches Beispiel hierzu bietet die Menügruppe *DOS-Dienstprogramme...* mit *Formatieren* als Standard-Menüpunkt. Hier wird nicht einfach FORMAT [] programmiert, sondern man schreibt ins []-Eingabefenster die fünf Befehle /t, /i, /p, /d und /r (siehe Referenz in Abschnitt 1.1).

In der Befehlszeile Befehle FORMAT und PAUSE programmiert:

```
format [/t"Formatieren" /i"Zu formatierendes Laufwerk angeben:"
/p"Parameter . .  " /d"A: " /r] | pause
```

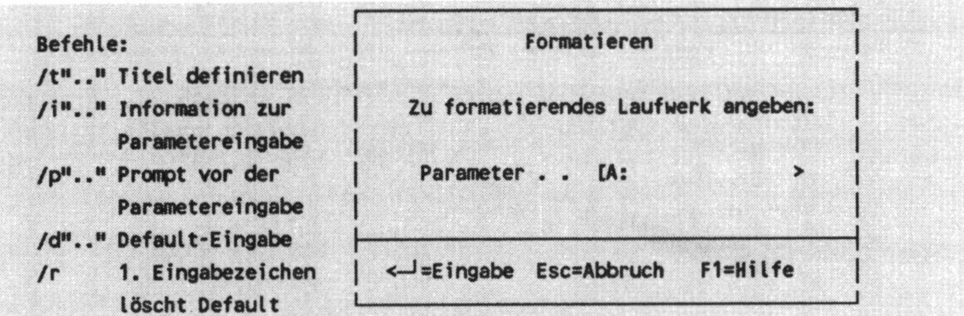

Programmierung und Ausführung von FORMAT [...Befehlsliste...

Drittes Beispiel anhand des XCOPY-Befehls: Der hinzugefügte Menüpunkt *Verzeichnis kopieren* soll so geändert werden, daß der Befehl *XCOPY A:*.* B:/S* nicht sofort ausgeführt wird, sondern daß über ein Fenster die als Default angezeigten Parameter *A:*.* B:/S* entweder vom Benutzer übernommen oder aber neu eingegeben werden können.

1) In der Befehlszeile Befehle XCOPY und PAUSE programmiert:

```
xcopy [/t"Verzeichnis kopieren" /i"Quellen- und Ziellaufwerk angeben:"
/p"Parameter . .  " /d"A:*.* B: /S" /r] | pause
```

2) Im "Ändern..."-Fenster programmiert:

3) Bei Ausführung von "Verzeichnis kopieren" im Fenster angezeigt:

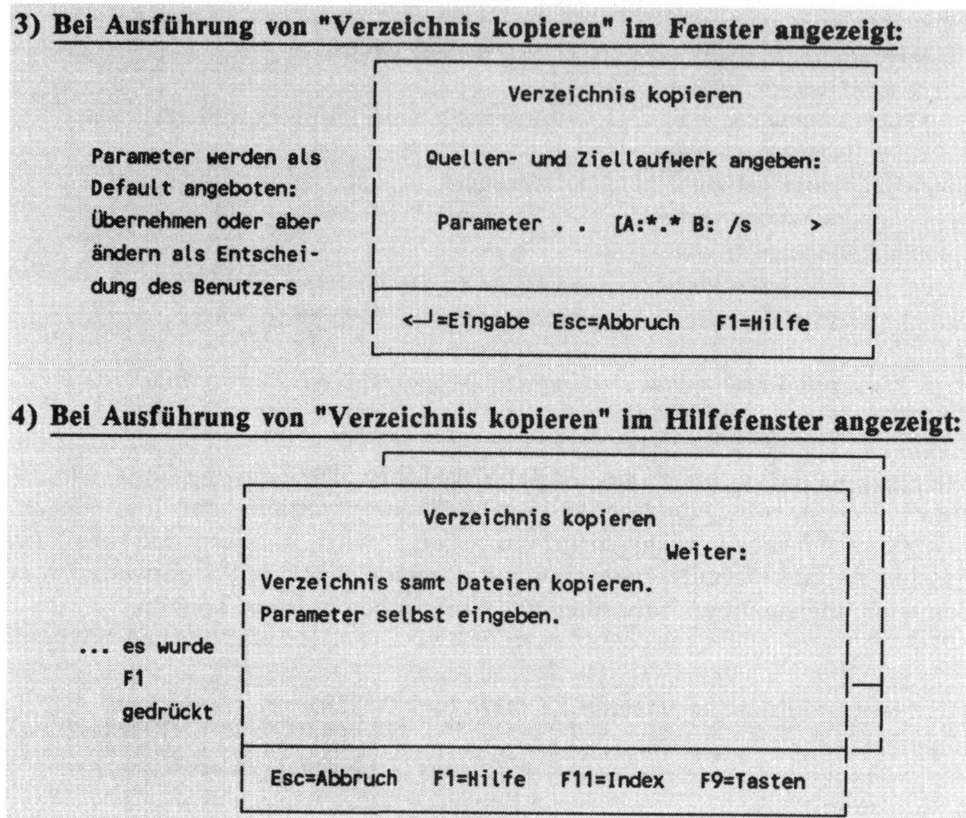

4) Bei Ausführung von "Verzeichnis kopieren" im Hilfefenster angezeigt:

Vier Darstellungen zum Menüpunkt "Verzeichnis kopieren"

1.7.3 Kennwort und Stapeldatei aufrufen

In eine benutzerdefinierte Menügruppe *Tools aufrufen...* soll der Menüpunkt *Textverarbeitung Word* hinzugefügt werden
   1. Menügruppe *Tools aufrufen...* aktivieren.
   2. Über *F10/Programm/Hinzufügen...* den Menüpunkt mit dem Titel
      Textverarbeitung Word, das Kennwort TEXT1 und folgende Be-
      fehlszeile eingeben:

```
echo Laufwerk: /# | echo Verzeichnis: /\@ |
pause Zum Starten von Word Taste | call c:\hilfe\stapel\w.bat
```

Abschließend die Menügruppe mit F2 sichern.

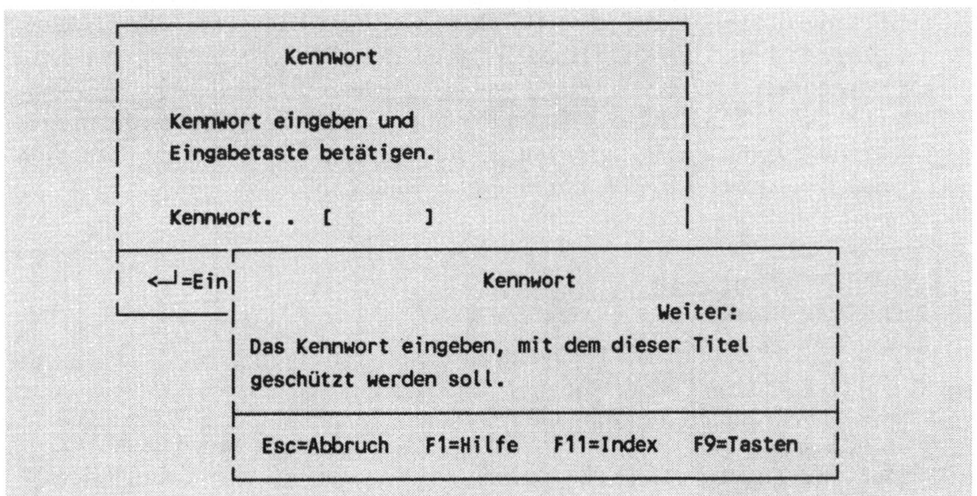

```
|                 Programm hinzufügen          |
| Erforderlich                                 |
|                                              |
|   Titel . . . .  [Textverarbeitung Word >    |
|                                              |
|   Befehle . . .  [echo Laufwerk: /# | ec>    |
|                                              |
| Wahlfrei                                     |
|                                              |
|   Hilfetext . .  [Demonstration:&1. Kenn>    |
|                                              |
|   Kennwort . .  [TEXT1    ]                  |
|──────────────────────────────────────────── |
|   Esc=Abbruch   F1=Hilfe   F2=Sichern        |
```

Schritt 2: Menüpunkt "Textverarbeitung Word" hinzufügen

3. Nach dem Aktivieren des Menüpunkts *Textverarbeitung Word* wird
   das Kennwort TEXT1 abgefragt.

```
|          Kennwort                            |
|                                              |
| Kennwort eingeben und                        |
| Eingabetaste betätigen.                      |
|                                              |
| Kennwort. .  [       ]                       |
|──────────────┌───────────────────────────────────────┐
| <─┘=Ein|     |          Kennwort                     |
|────────┘     |                          Weiter:      |
              | Das Kennwort eingeben, mit dem dieser Titel |
              | geschützt werden soll.                |
              |───────────────────────────────────────|
              | Esc=Abbruch   F1=Hilfe   F11=Index   F9=Tasten |
```

Schritt 3: Kennwort TEXT1 abfragen (auch F1=Hilfe gibt keinen Hinweis)

4. Nach Eingabe des Kennwortes wird die Stapeldatei W.BAT mit
   dem Befehl CALL W.BAT aufgerufen, um über diese Stapeldatei
   dann die Textverarbeitung Word zu starten.

```
┌─────────────────────────────────────────┐
│ Laufwerk: C:                              │        Befehl /#
│ Verzeichnis: \HILFE\DOSBEF                │        Befehl /\@
│ Weiter mit beliebiger Taste . . .         │
└─────────────────────────────────────────┘
```

Befehle /# und /@ für Befehlszeile bzw. Programmstartbefehl:
- Mit /# wird das aktive Laufwerk anzeigt.
- Mit /@ wird das aktive Verzeichnis angezeigt.

Stapeldatei in der Befehlszeile mit CALL aufrufen: Von einer Stapeldatei aus kann man eine andere Stapeldatei nur über den CALL-Befehl aufrufen. Da die in der Befehlszeile eines Menüpunktes mit   aufgelisteten Befehle einen Stapel (Batch) darstellen, muß der Befehl CALL verwendet werden. Anstelle von CALL W.BAT kann man einfacher auch CALL W schreiben.

Kennwort in der Datei TOOLRUF.MEU nachsehen: Die Einrichtung eines Kennwortes darf nicht als strenge und zuverlässige Sicherheitsmaßnahme verstanden werden, sondern als "Vorsichtssignal". Grund:
- Die Daten jeder Menügruppe werden von DOS jeweils in einer gesonderten MEU-Datei abgelegt.
- Standardmäßig sind die Dateien SHELL.MEU (für die *Hauptgruppe...*) und DOSUTIL.MEU (für die *DOS-Dienstprogramme...*) vorhanden.
- Die Datei TOOLRUF.MEU informiert über die benutzerdefinierte Menügruppe *Tools aufrufen*. Durch einen TYPE-Befehl läßt sich das Kennwort TEXT1 somit leicht "knacken".

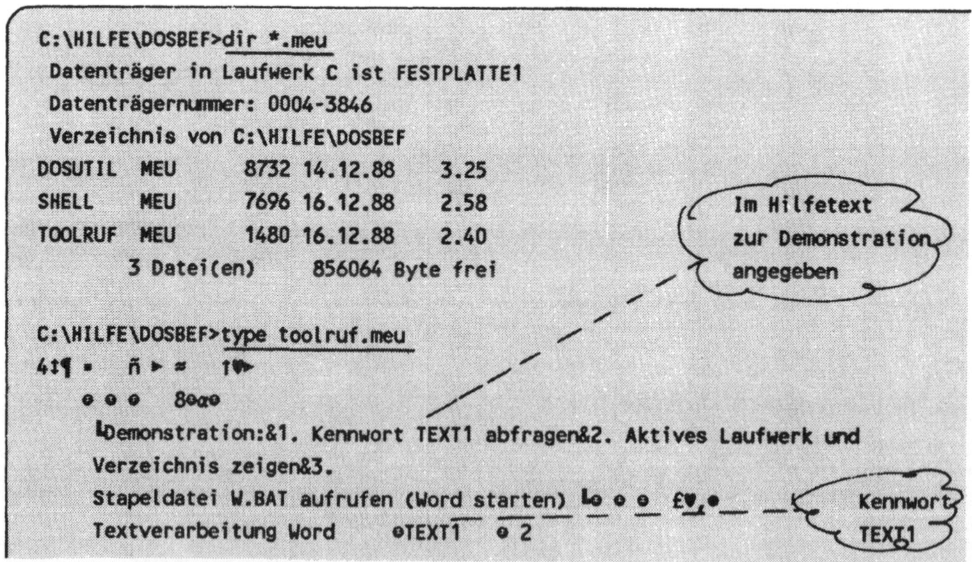

```
echo Laufwerk: /# | echo Verzeichnis: \/@ | pause Zum Starten
von Word Taste | call c:\hilfe\stapel\W.bat
```

Kennwort TEXT1 über die Textdatei TOOLRUF.MEU anzeigen lassen

1.7.4 Eingabebegrenzung und Existenzprüfung

Über den folgenden Menüpunkt *Datei mit Word editieren* wird ein Dateiname als Tastatureingabe angefordert. Dazu kann man die Länge und die
Existenz der Eingabe wie folgt prüfen:

- **Eingabebegrenzung mit /l:** Mit dem Befehl */l"..."* wird sicherge-
  stellt, daß nur die angegebene Anzahl von Zeichen eingegeben
  werden kann. Beispiele: */l"8"* begrenzt auf 8 und */l"12"* auf 12
  Eingabestellen.
- **Existenzprüfung mit /m:** Mit dem Befehl */m"e"* werden alle Dateinamen abgewiesen, die im aktiven Verzeichnis nicht zu finden
  sind. Man kann damit sicherstellen, daß die als Parameter eingegebene Datei auch tatsächlich vorhanden ist.

Die Textverarbeitung mit einer bestimmten Datei starten: Der Menüpunkt
Datei mit Word editieren startet die Textverarbeitung Word mit einer Datei, deren Name zuvor eingetippt und als Parameter übergeben wird.
Word wird im Unterverzeichnis C:\TOOL\WORD gesucht. Befehlszeile
bzw. Programmstartbefehl:

```
c:\tool\word\word [/t"Eine Textdatei bearbeiten"
/i"Name der TXT-Datei eingeben:" /p "Dateiname? "
/l"16" /m"e"]
```

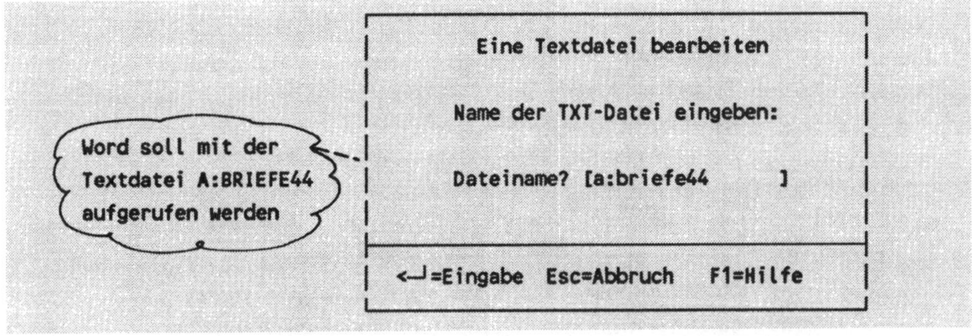

Menüpunkt "Datei mit Word editieren" aktivieren

1.7.5 Befehlszeile mit beliebiger Eingabe

Der folgende Menüpunkt *Beliebiges Tool aufrufen* soll als dritter Eintrag in die benutzerdefinierte Menügruppe *Tools aufrufen* aufgenommen werden:

```
Textverarbeitung Word          (Abschnitt 1.7.3)
Datei mit Word editieren       (Abschnitt 1.7.4)
Beliebiges Tool aufrufen       (Abschnitt 1.7.5)
```

Befehlszeile mit []: Die Befehlszeile enthält nur ein Eingabefenster [] und keinen weiteren Befehl. Über die Befehle /T, /I und /P wird der Benutzer aufgefordert, den Namen einer ausführbaren Datei einzugeben (vgl. auch Abschnitt 2.1):

```
[/t"Ein Software-Tool Ihrer Wahl aktivieren"
 /i"Name mit Pfad eingeben" /p"Dateiname? ..."]
```

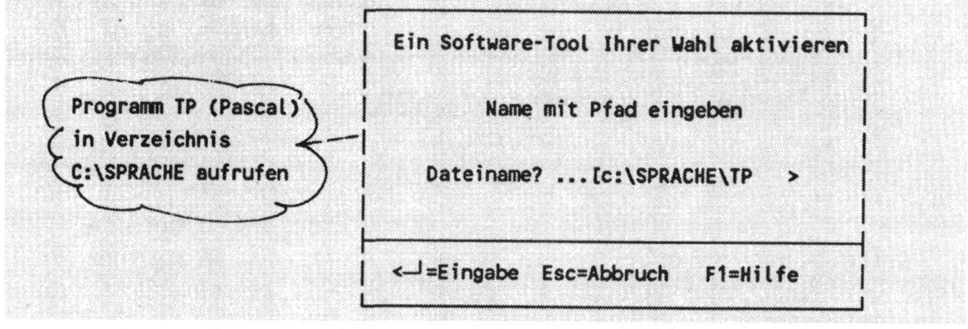

Menüpunkt "Beliebiges Tool aufrufen" aktivieren

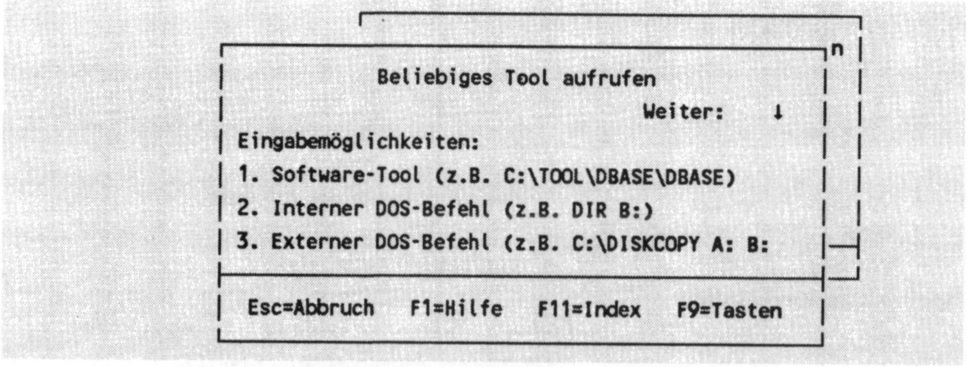

Hilftexte zum Menüpunkt "Beliebiges Tool aufrufen"

Zeilenumbruch mit "&" im Hilfetext: Hilfetext wird mit 44 Zeichen je Zeile umbrochen und am Bildschirm gezeigt. Mit dem Zeichen "&" kann man einen Zeilenumbruch erzwingen. Im Hilfetext zu *Beliebiges Tool aufrufen* wurde somit eingegeben:

```
Eingabemöglichkeiten:&1. Software-Tool (z.B. C:\TOOL\DBASE\DBAE)&2. Int...
```

Informationstechnische Grundbildung MS-DOS

2.1 Befehle der Menü-Oberfläche
2.1.1 MS-DOS auf dem Personalcomputer installieren

Zwei Aufgaben des Installierens: Installieren bedeutet Einrichten. Beim Installieren von Software wie z.B. des Betriebssystems MS-DOS 4.0 fallen stets zwei Aufgaben an:

1. *Kopieren:* Dateien von den gelieferten Systemdisketten auf Diskette bzw. Festplatte des PCs kopieren.
2. *Konfigurieren:* Das Betriebssystem MS-DOS 4.0 muß an den Benutzer bzw. seinen PC angepaßt werden. Das System muß so zusammengestellt (konfiguriert) werden, daß es den Anforderungen des Benutzers genügt.

Installieren über SELECT: Das Installieren von MS-DOS 4.0 wird über den SELECT-Befehl menügesteuert vorgenommen.
- SELECT fragt nach den Komponenten des Personalcomputers, auf dem installiert werden soll.
- Der Benutzer antwortet.
- SELECT kopiert die erforderlichen Dateien und konfiguriert das System. Die Dateien CONFIG.SYS und AUTOEXEC.BAT werden automatisch erstellt.

Im Gegensatz zu früheren Versionen läuft das Installieren von MS-DOS 4.0 weitgehend automatisiert ab.

2.1.1.1 Vier-Schritte-Vorgehen

Disketten bereitlegen (Schritt 1):
- Bei der Installation auf Diskette sind vier Leerdisketten (5.25"-Format), zwei Leerdisketten (3.5"-Format, 720 KB) bzw. eine Leerdiskette (3.5"-Format, 1.44 MB) erforderlich.
- Bei der Installation auf Festplatte ist eine Leerdiskette erforderlich.

Installieren (Schritt 2):
- Die gelieferte Installationsdiskette in das Diskettenlaufwerk einlegen und den Personalcomputer mit Strg-Alt-Entf bzw. Ctrl-Alt-Del anschalten. Der Befehl SELECT wird automatisch gestartet (falls nicht: ggf. SELECT MENU eingeben). Nun ist den Eingabehinweisen von SELECT zu folgen.
- Zur Frage nach minimalem, mittlerem bzw. maximalem DOS-Speicherbereich: Nur bei maximaler Ausrüstung werden DOS-Routinen fortwährend (resident) im Hauptspeicher (RAM) gehalten. SELECT schlägt den mittleren Speicherbereich vor.

- Zum Landescode (Tastaturbelegung, Datumformat, ...): Für Germany gilt die Landesnummer 049 und die Abkürzung GR.
- Laufwerksbezeichnungen: 1. Diskette A, 2. Diskette B, Festplatte C, RAM-Disk D, usw.

Dateien umbenennen (Schritt 3):
Wird MS-DOS 4.0 erstmalig auf der Diskette bzw. Festplatte installiert, dann befinden sich auf diesen Externspeichern nun die Dateien CONFIG.SYS und AUTOEXEC.BAT. Diese werden bei jedem PC-Start automatisch aufgerufen, um die entsprechenden Anpassungen vorzunehmen.

Hat SELECT auf Diskette bzw. Festplatte bereits Dateien namens CONFIG.SYS und AUTOEXEC.BAT gefunden, dann wurden die "neuen" Dateien unter den Namen CONFIG.400 und AUTOEXEC.400 gespeichert. Um diese "neuen" Dateien ab jetzt aufzurufen, muß der Dateityp von 400 in SYS bzw. BAT geändert werden. Geben Sie dazu ein:

```
C:\>copy config.400 config.sys
C:\>copy autoexec.400 autoexec.bat
```

System neu starten (Schritt 4):
PC aus- und einschalten (Kaltstart) oder Strg-Alt-Entf bzw. Ctrl-Alt-Del drücken (Warmstart). Nun wird MS-DOS 4.0 geladen; die Dateien CONFIG.SYS und AUTOEXEC.BAT werden ausgeführt und das Betriebssystem meldet sich mit der Menü-Oberfläche oder der Befehlszeilen-Oberfläche - je nachdem, ob DOSSHELL als letzter Befehl in der Datei AUTOEXEC.BAT aufgerufen wird oder nicht.

2.1.1.2 Dateien CONFIG.SYS und AUTOEXEC.BAT

Dateien bei Festplatteninstallation:
Der SELECT-Befehl hat die Konfigurationsdateien CONFIG.SYS und AUTOEXEC.BAT erzeugt. Diese sehen - je nach der Benutzereingabe über den SELECT-Dialog - verschieden aus. Die folgenden Dateien beziehen sich auf eine Festplatteninstallation:

Zur Datei CONFIG.SYS: 049 als Landescode für Deutschland; 20 als Anzahl der Pufferspeicher; 12 als Anzahl maximal geöffneter Dateien; KEYB für die deutsche Tastatur; ANSI.SYS für den erweiterten Zeichensatz; HILFE\DOSBEF als Verzeichnis, in dem das Betriebssystems auf der Festplatte gespeichert worden ist.

```
BREAK=ON
COUNTRY=49,,C:\HILFE\DOSBEF\COUNTRY.SYS
BUFFERS=20
FILES=12
SHELL=C:\HILFE\DOSBEF\COMMAND.COM /P /E:512
DEVICE=C:\HILFE\DOSBEF\ANSI.SYS
INSTALL=C:\HILFE\DOSBEF\KEYB.COM GR,,C:\HILFE\DOSBEF\KEYBOARD.SYS
```

Durch SELECT erzeugte Datei CONFIG.SYS (Festplatteninstallation)

Zur Datei AUTOEXEC.BAT:
- @ unterdrückt das Anzeigen von Systemmeldungen.
- SET COMSPEC sorgt dafür, daß der Befehlsprozessor COM-
  MAND.COM nach dem zeitweiligen Verlassen der Menü-Oberflä-
  che wieder gefunden werden kann.
- PROMPT gibt im Prompt-Zeichen der Befehlszeilen-Oberfläche
  vor dem Größerzeichen (G) auch dem kompletten Verzeichnispfad
  (P) an.
- PATH sucht nach jeder Befehleingabe zuerst im Stammverzeich-
  nis "\" und dann ggf. auch im Verzeichnis HILFE\DOSBEF.
- DOSSHELL ruft die Menü-Oberfläche auf und muß als letzter
  Befehl in AUTOEXEC.BAT stehen. Ohne DOSSHELL würde die
  Befehlszeilen-Oberfläche aktiviert.


```
@ECHO OFF
SET COMSPEC=C:\HILFE\DOSBEF\COMMAND.COM
PATH C:\;C:\HILFE\DOSBEF
PROMPT $P$G
VER
DOSSHELL
```

*Durch SELECT erzeugte Datei AUTOEXEC.BAT (Beispiel einer
Installation von DOS auf Festplatte)*

Die Dateien CONFIG.SYS und AUTOEXEC.BAT können vom Benutzer
natürlich nachträglich geändert werden (vgl. Abschnitt 4).

2.1.2   Parameter des Befehls SHELLC

2.1.2.1 SHELLC in Datei DOSSHELL aufrufen

DOSSHELL als Befehl: Mit dem Befehl DOSSHELL wird die Menü-
Oberfläche von MS-DOS von der Befehlszeilen-Oberfläche aus gestartet:
- DOSSHELL wird am Promptzeichen eingetippt.
- DOSSHELL ist als Befehl in der Datei AUTOEXEC.BAT enthal-
  ten (dabei muß DOSSHELL der *letzte* Befehl im Stapel sein).

Mit DOSSHELL wird eine Stapeldatei namens DOSSHELL.BAT aufgeru-
fen. Diese Datei ist auf einer Systemdiskette von MS-DOS 4.0 enthalten.
Der wichtigste Befehl der Stapeldatei heißt SHELLC und hat die Aufga-
be, die Menü-Oberfläche zu aktivieren. Die folgende Stapeldatei
DOSSHELL.BAT zeigt, mit welchen Parametern der SHELLC-Befehl auf-
gerufen werden kann.
- Die Stapeldatei wird mit SELECT bei der Installation erzeugt.
- Die Reihenfolge der Parameter spielt keine Rolle.
- Jeder Parameter muß mit einem "/" beginnen (Leerstellen können
  entfallen).

Stapeldatei DOSSHELL.BAT mit dem SHELLC-Befehl:

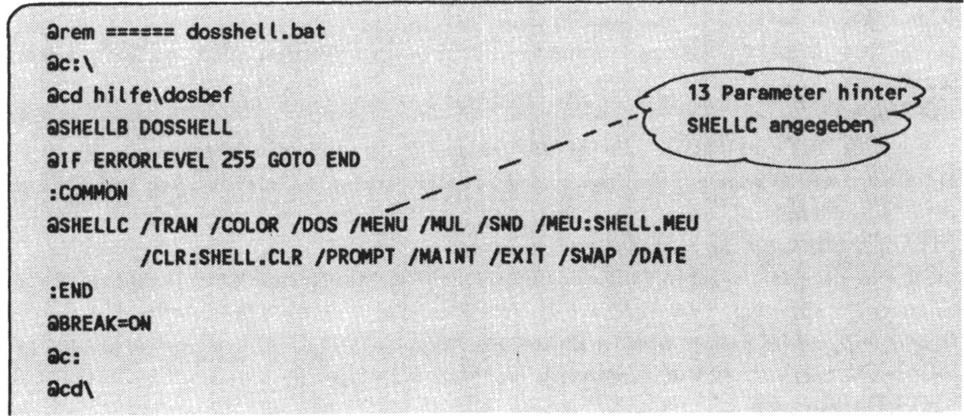

2.1.2.2 Verzeichnis der Parameter

/B:n
Den Pufferspeicher für das *Dateisystem* mit n KByte festlegen. Im residenten Modus (siehe
/TRAN) ist der Puffer klein zu wählen.

/C01

Den 16-Farben-Modus (640*350 Pixel) für die Menü-Oberfläche einstellen. Modus 10.

/C02

Den Zwei-Farben-Modus (640*480 Pixel) einstellen. Modus 11.

/C03

Den 16-Farben-Modus (640*480 Pixel) für die Menü-Oberfläche einstellen. Modus 12.

/CLR:Dateiname

Den Namen der Datei angeben, in der die Farbwerte für die Menü-Oberfläche abgelegt sind. Voreinstellung: /CLR:SHELL.CLR.

/COLOR

Nur bei Angabe dieses Parameters kann die Farbeinstellung über den Menüpunkt *Farben ändern* im Programmstartmenü geändert werden.

/COM2

Die Maus ist nicht an COM1, sondern an COM2 als der 2. seriellen Schnittstelle imstalliert.

/DATE

Im Hauptmenü werden oben links das Systemdatum und oben rechts die Zeit angezeigt.

/DOS

Das *Dateisystem* kann als Menüpunkt aktiviert werden.

/EXIT

Die Menü-Oberfläche kann über F3 bzw. den entsprechenden *Ende*-Menüpunkt verlassen werden. Ohne /EXIT *und* /PROMPT kann man die Menü-Oberfläche nicht verlassen.

/LF

Die Maustasten des Maustreibers werden für Linkshänder ausgetauscht.

/MAINT

Menüpunkte und Menügruppen können neu angelegt, geändert und gelöscht werden (Maintenance).

/MENU

Nach dem Aufruf wird automatisch das Hauptmenü *Programme starten* angezeigt. Beim Fehlen von /MENU kann nur das Dateisystem aktiviert werden. Beim Fehlen von /MENU *und* /DOS "geht nichts".

/MEU:Dateiname

Den Namen der Datei angeben, in der die Information der Menügruppe bereitgestellt ist, die als Hauptmenü angezeigt werden soll. Voreinstellung: /MEU:SHELL.MEU, d.h. die *Hauptgruppe* wird gezeigt. Mit der Einstellung /MEU:DOSUTIL.MEU würde die Menügruppe *Dos-Dienstprogramme...* aktiviert.

/MOS:Dateiname

Einen Maustreiber zuordnen. Auf der DOS-Systemdiskette werden die Treiber PCIBMDRV-.MOS (IBM PS/2), PCMSPDRV.MOS (Microsoft parallel) und PCMSDRV.MOS (Microsoft seriell) bereitgestellt. In CONFIG.SYS muß ein DEVICE-Befehl angegeben werden.

/MUL

Dateisystem (Multiple File System) bereitstellen.

/PROMPT

Die Menü-Oberfläche kann mit Umschalt-F9 zum Promptzeichen der Befehlszeilen-Oberfläche verlassen werden.

/SND

Akustische Warnsignale (Sound) können *nicht* abgestellt werden, sind in jedem Falle hörbar.

/SWAP

Bei temporärem Verlassen der Menü-Oberfläche (Programmaufruf, Umschalt-F9) werden Steuerungsdaten zum Hauptmenü bzw. Dateisystem kurzfristig auf eine Disketten- bzw. Festplattendatei geschrieben.

/TEXT

Menü-Oberfläche arbeitet im Text-Modus und nicht im Grafik-Modus.

/TRAN

Die Menü-Oberfläche arbeitet im transienten Modus.

- *Tansienter Modus (vorteilhaft bei Festplatte):* Speicherplatzintensive Teile von DOS werden nur jeweils bei Bedarf von der Festplatte in den RAM geladen. Nur die fortwährend benötigten Teile werden dauernd (resident) im RAM installiert.

- *Residenter Modus (vorteilhaft bei Diskette):* Bei Start wird die Menü-Oberfläche komplett in den RAM geladen. Ein späterer Diskettenwechsel zum Nachladen von Menü-Befehlen entfällt. Gleichwohl verkleinert sich der verfügbare Speicherplatz.

2.1.3   Programmstartbefehle

2.1.3.1 Aufbau eines Menüpunktes

Menügruppe mit mehreren Menüpunkten: Die in der Menü-Oberfläche bereitgestellten Menügruppen können vom Benutzer erweitert und ergänzt werden. In eine Menügruppe kann der Benutzer neue Menüpunkte aufnehmen. Das beim Aktivieren eines Menüpunktes gezeigte Fenster ist für alle Menüpunkte gleich aufgebaut. Dies gilt auch für den Menüpunkt *Formatieren* aus der Menügruppe *DOS-Dienstprogramme....*

```
                        DOS-Dienstprogramme...
      Datum und Uhrzeit angeben
      Disketten kopieren
      Disketten vergleichen
      Sicherungskopie der Festplatte erstellen
      Sicherungskopie zurückspeichern
      Formatieren
```

"Formatieren" als letzter Menüpunkt der Standard-Menügruppe
"DOS-Dienstprogramme..."

Beispiel-Menüpunkt: Anhand des Menüpunkts *Formatieren* zeigt sich der Aufbau des Fensters wie folgt:

1. Titelzeile oben als 1. Zeile
2. Informationszeile als 2. Zeile
3. Promptangabe in der 3. Zeile links
4. Eingabefenster [...> in der 3. Zeile rechts. [und] für "Grenze geschlossen" sowie < und > für "Grenze offen".
5. Kontrollzeile mit Hilfe in der 4. Zeile

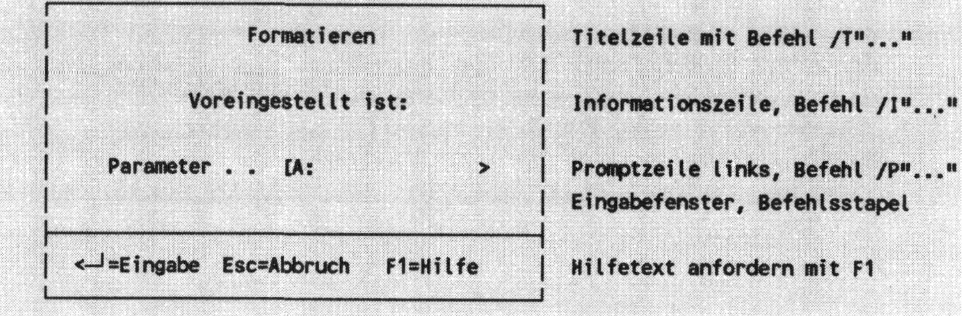

Fenster bei Aufruf von "Formatieren/F10/Starten/"

Menübefehle Gruppe und Programm: Zur Bearbeitung von Menügruppen bzw. Menüpunkten stehen dem Benutzer die Befehle *Gruppe* bzw. *Programm* zur Verfügung:

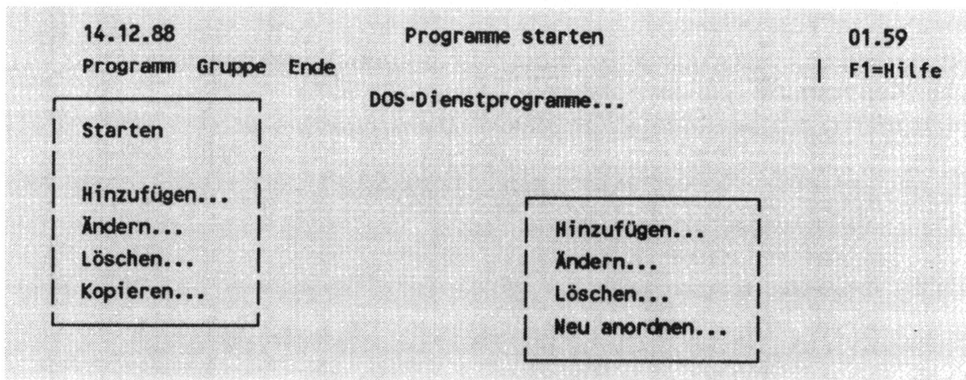

Programmstartmenü mit Pull-Down-Menüs "Programm" und "Gruppe"

Ruft man z.B. den Befehl *Programm/Ändern...* auf, um den Standard-Menüpunkt *Formatieren* zu ändern, zeigt sich folgendes Fenster (vgl. nächste Seite):

```
|              Programm ändern              |
| Erforderlich                              |
|                                           |
|  Titel . . . .  [Formatieren          >  |
|                                           |
|  Befehle . . .  [FORMAT [/t"Formatieren> |
|                                           |
| Wahlfrei                                  |
|                                           |
|  Hilfetext . .  [Diesen Menüpunkt auswä> |
|                                           |
|  Kennwort . . [              ]           |
|                                           |
|  Esc=Abbruch   F1=Hilfe   F2=Sichern     |
```

Titel bzw. Name des
Menüpunktes

Befehlszeile bzw. Programmstartbefehlsliste

Text für Hilfe, die über F1
angefordert wird

Fenster bei Aufruf von "Formatieren/F10/Programm/Ändern..."

Befehlsstapel: In der Befehlszeile können mehrere Befehle durch das Zeichen "║" (Alt-186) getrennt gestapelt werden. Im obigen Fenster ist davon nur der Anfang sichtbar. Die komplette Befehlszeile zeigt die beiden gestapelten Befehle FORMAT und PAUSE:

```
FORMAT [/t"Formatieren" /i"Zu formatierendes Laufwerk angeben:"
         /p"Parameter . .  " /d"A: " /r] | PAUSE
```

In der Befehlszeile gespeicherte Programmstartbefehlsliste

Programmstartbefehle: Die in der Befehlszeile angegebenen Befehle /T, /I, /P, /D und /R bezeichnet man als Programmstartbefehle (engl. PSC für "Program Startup Commands"). Siehe Abschnitt 3.3.

2.1.3.2 Verzeichnis der Programmstartbefehle

[Befehlsliste]

Ein Fenster am Bildschirm öffnen, um die Benutzereingabe(n) als Parameter an die zwischen [] angegebenen Befehle zu übergeben.

[/T"..."]

Die Titelzeile des Eingabefensters mit maximal 40 Zeichen angeben, die als erste Zeile im Fenster zentriert angezeigt wird. Voreinstellung: leer.

[/I"..."]

Die Informationszeile mit maximal 40 Zeichen angeben, die als zweite Zeile zentriert angezeigt wird. Voreinstellung:

```
Parameter eingeben, dann Eingabetaste betätigen.
```

[/P"..."]

Eine Prompt-Meldung mit maximal 20 Zeichen angeben, die links neben dem Eingabefeld angezeigt wird. Voreinstellung:

```
Parameter . . [                    >
```

[/D"..."]

Defaultwerte für das Eingabefeld angeben, die der Benutzer dann für seine Eingabe übernehmen (Return-Taste) oder durch eigene Parameterwerte ersetzen kann (eigene Werte tippen).

[/L"n"]

Die Länge der Benutzereingabe im Eingabefeld auf n Zeichen begrenzen. Voreinstellung: 127 Zeichen als Maximallänge.

[/M"e"]

Existenzprüfung: Es werden wiederholt Dateinamen zur Eingabe angefordert, bis der Name einer existierenden Datei gelesen wird.

[/R]

Den Inhalt des Eingabefensters (samt /D-Defaults) löschen, wenn eine Nicht-Editiertaste (Einfg, Entf, Pfeiltaste) gedrückt worden ist.

[/F"..."]

Eine Dateibezeichnung (File) mit Laufwerk, Verzeichnis und Dateiname angeben. Der Benutzer wird zur Eingabewiederholung aufgefordert, falls die Datei nicht gefunden wird.

[%n ...]

Parametereingabe in einer Parametervariablen %1, %2, ..., %10 zusätzlich speichern. *%n* ist als erste Option zwischen [] zu schreiben.

%n

Den Wert einer Parametervariablen %1, %2, ..., %10 außerhalb des Fensters [] aufrufen.

[/C"%n"]

Den Wert einer Parametervariablen %1, %2, ..., %10 in das Eingabefenster zurückkopieren.

[/D"%n]

Den Wert einer Parametervariablen %1, %2, ..., %10 als Default in das Eingabefenster übernehmen.

/#

Die Bezeichnung des aktiven Laufwerks zurückgeben.

/@

Den Namen des aktiven Verzeichnisses zurückgeben.

Befehle in der Befehlszeile bzw. Programmstartbefehlsliste voneinander trennen: Zu unterscheiden sind (Alt-186) und Pipe-Zeichen (Alt-124).

2.1.3.3 Verzeichnis der Menübefehle

In der Menü-Oberfläche von DOS werden Menüpunkte in geschachtelten
Menüs angeboten. Grundlegend sind die Menüs von *Programme starten,
Hauptgruppe, DOS-Dienstprogramme...* und *Dateisystem:*

**Menüpunkte in der waagrechten Menüleiste des Programmstartmenüs
bzw. in "Programme starten":**

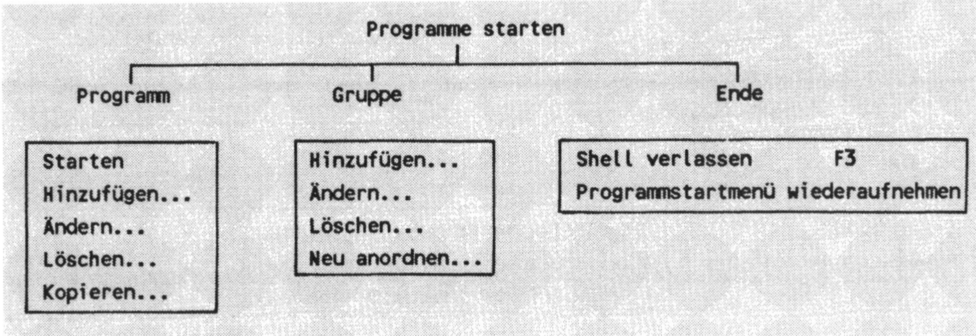

**Menüpunkte in der senkrechten Menüleiste des Programmstartmenüs bzw.
in der "Hauptgruppe":**

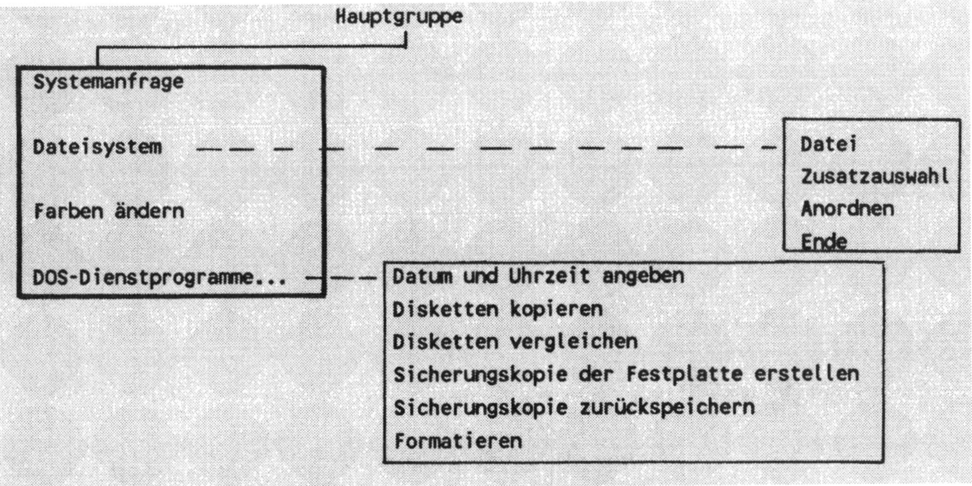

Menüpunkte des Dateisystems:

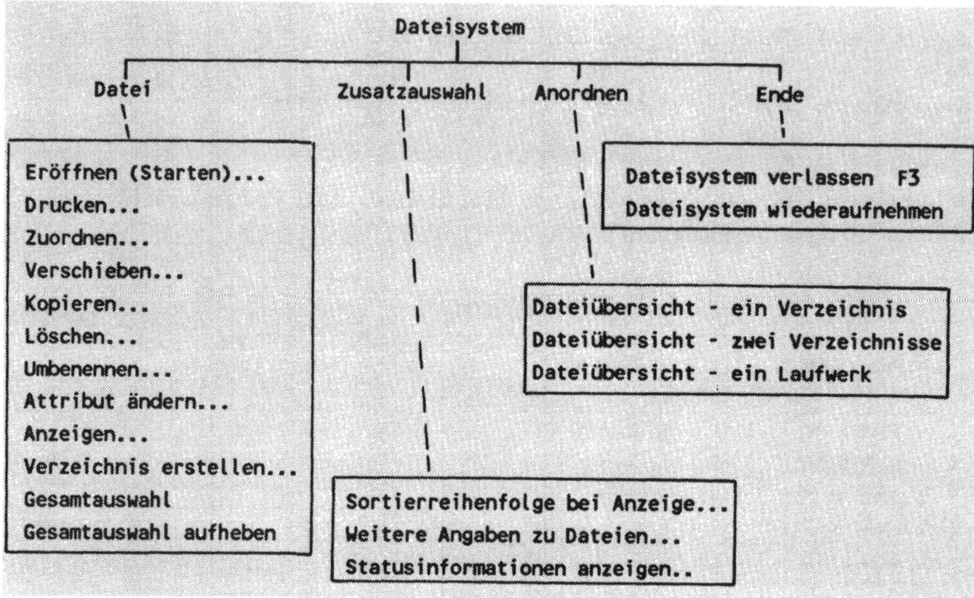

2.2   Befehle der Befehlszeilen-Oberfläche

2.2.1   Allgemeine Vereinbarungen

2.2.1.1 Namen von Datei, Gerät und Befehl

Bezeichnung von Dateien:

- Dateiname maximal 8 Zeichen und Dateityp maximal 3 Zeichen lang (z.B. RECHNUNG.TXT).
- Dateiname mit Buchstaben A-Z, Ziffern 0-9 sowie mit den Sonderzeichen ! # $ % ^ ( ) & - _ ~ { } ' @ . (Abschnitt 4).
- Kleinbuchstaben werden in Großbuchstaben umgesetzt.
- Komplette *Dateibezeichnung* mit Laufwerk, Zugriffspfad, Dateiname und Dateityp. Beispiel:

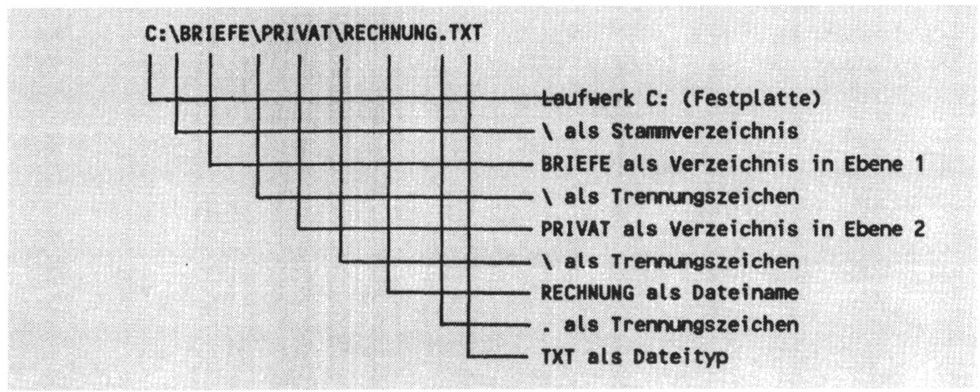

Dateigruppenzeichen (Joker, Wildcards):

Joker * vertritt eine Zeichenfolge (z.B. "Klaus", "6" oder "5a").
Joker ? vertritt ein einzelnes Zeichen (z.B. "a", "@" oder "5").
Beispiele:
- *.TXT: Dateiname beliebig (max. 8 Zeichen) und Dateityp TXT. Umfaßt zum Beispiel A.TXT, V1.TXT, A985FT.TXT, ZA.TXT.
- A*.BAK: Dateiname mit "A" beginnend und sonst beliebig lang, Dateityp BAK.
- ????.*: Dateien mit vierstelligen Dateinamen.

Namen von Geräten bzw. externen Einheiten:

A:	**Erstes Diskettenlaufwerk (Bootlaufwerk)**
B:	**Zweites Diskettenlaufwerk**
C:	**Festplattenlaufwerk (Hard Disk)**
D:	**RAM-Disk als virtuelles Laufwerk**
E-Z:	**Weitere Laufwerke**
AUX:	**Erste serielle Schnittstelle (identisch zu COM1:)**
CON:	**Konsole mit Bildschirm und Tastatur**
COM1:	**Erste serielle Schnittstelle. Weiter: COM2, COM3, COM4.**
LPT1:	**Erster Paralleldrucker. Weitere: LPT2, LPT3.**
PRN:	**Erster Paralleldrucker (identisch zu LPT1:)**
NUL:	**Ersatzgerät: Null Device, Dummy Device.**

Grundlegende Dateitypen:

$$$	Temporäre Datei bzw. Hilfsdatei
C	Quelldatei in Programmiersprache C
ASM	Quelldatei in Assembler (Maschinensprache)
BAK	Back-Up-Datei als automatisch erstellte Sicherungskopie
BAS	Quelldatei in Programmiersprache BASIC
BAT	Stapeldatei bzw. Batchdatei
BIN	Binärdatei
CHK	Hilfsdatei, die durch CHKDSK erstellt wird
CLR	Farbeinstellungen der Menü-Oberfläche (Color)
COM	Befehlsdatei für ausführbares Programm
CPI	Zeichensatztabelle (Code Page)
CRF	Querverweisdatei (Cross Reference-Datei, XREF)
DBF	Datenbank-Datei in dBASE (Database File)
DBS	Druckertreiberdatei für Word
DIF	Datei von Lotus 1-2-3
DFV	Druckformatvorlage für Textverarbeitung Word
DOC	Dokumentationsdatei als Textdatei
EXE	Befehlsdatei für ausführbares Programm
FMT	Formatdatei für dBASE
FW	Arbeitsdatei für Framework
GEN	Arbeitsdatei für Ventura Publisher
HEX	Hexadezimal-Datei
HLP	Datei für Hilfetexte der Menü-Oberfläche
INI	Datei mit Initialisierungsdaten (Word, Multiplan)
LBL	Labeldatei für dBASE
LOG	Logdatei von BACKUP
LIB	Bibliotheksdatei (Library)
LST	Listing-Datei
MAP	Linker-Kontrolldatei
MEU	Daten zu einer Menügruppe der Menü-Oberfläche
MP	Multiplan-Tabelle
OBJ	Objektdatei für compiliertes Programm
PAS	Quelldatei in Programmiersprache Pascal
PGM	Programm (Systemdateien)
PRG	Programm als Befehlsdatei für dBASE
REC	Hilfsdatei, die durch RECOVER erstellt wird
REF	Cross-Reference-Datei
SIK	Sicherungskopie von Textverarbeitung Word
SYS	Systemdatei für DEVICE
TMP	Temporär eingerichtete Datei
TXT	Textdatei

Editiermöglichkeiten in der Befehlszeilen-Oberfläche von MS-DOS:

F1	Das nächste Zeichen aus dem Tastaturpuffer kopieren bzw. erscheinen lassen
F2z	Alle Zeichen bis zum Zeichen z aus dem Tastaturpuffer kopieren
F3	Bis zum Ende der Eingabezeile kopieren
F4z	Alle Zeichen bis zum Zeichen z überspringen
F5	Die komplette Eingabezeile in den Puffer speichern
F6	Das Textdatei-Endezeichen Strg-Z bzw. Ctrl-Z erzeugen
Esc	Die Eingabe in der aktiven Zeile unwirksam abbrechen
Einfg	Den Einfügemodus ein- bzw. ausschalten (Einfg- bzw. Ins-Taste)
Entf	Das aktive Zeichen aus dem Puffer entfernen (Entf- bzw. Del-Taste)

Editiermöglichkeiten in der Menü-Oberfläche von MS-DOS:

F1	Hilfefenster aktivieren
F2	a) Fenster eines Menüpunkts wirksam (d.h. mit Speicherung) verlassen b) COPY wirksame beenden
F3	a) Vom der Menü-Oberfläche zur Befehlszeilen-Oberfläche wechseln b) Vom Dateisystem zum Programmstartmenü wechseln c) COPY unwirksam abbrechen
F4	Zeichen (Alt-186) zur Befehlstrennung in der Befehlszeile erzeugen
F9	a) Tastenbelegung im Hilfs-Fenster anzeigen b) Im Anzeigen-Fenster zwischen Hex- und ASCII-Modus umschalten c) Den alten Wert in das Eingabefeld eingeben
F10	Die waagrechte Menüleiste oben im Hauptmenü aktivieren
F11	Stichwortverzeichnis im Hilfe-fenster anfordern
Umschalt-F9	In die Befehlszeilen-Oberfläche von MS-DOS wechseln
Leer	Die durch den Cursor angezeigte Datei im Dateisystem aktivieren (markieren) bzw. desaktivieren
Tab	Im Fenster von einem EIngabereich zum nächsten Eingabebereich wechseln
Return	Eine Eingabe bestätigen
Esc	Die Ausführung unwirksam abbrechen und zum übergeordneten Fenster bzw. Menü zurückgehen

Unterscheidung von internen und externen Befehlen:

Interne Befehle sind Bestandteil des Befehlsprozessors COMMAND.COM und als solche im RAM resident:

BREAK, CALL, CHCP, CD, CHDIR, COPY, CTTY, DATE, DEL, DELETE, DIR, ECHO, ERASE, EXIT, FOR, GOTO, IF, MD, MKDIR, PATH, PAUSE, PROMPT, REM, REN, RENAME, RD, RMDIR, SET, SHIFT, TIME, TYPE, VERIFY, VOL.

Externe Befehle werden nicht permanent im RAM gehalten und müssen zum Zeitpunkt des Aufrufens im entsprechenden Laufwerk bzw. Ver-

zeichnis verfügbar sein. Alle die Befehle sind extern verfügbar, die in der
obigen Übersicht der internen Befehle nicht angeführt sind.

Unterscheidung von Befehlen nach Anwendungen:
Bei der folgenden Einteilung ergeben sich zwangsläufig Überschneidun-
gen. Die Anwendungen sind also nicht streng getrennt zu betrachten.

Befehle zur Konfiguration über CONFIG.SYS bzw. AUTOEXEC.BAT:
ANSI.SYS, BREAK, BUFFERS, COUNTRY.SYS, DEVICE, DISPLAY.SYS, DRI-
VER.SYS, FCBS, KEYB, KEYBxx, KEYBOARD.SYS, LASTDRIVE, PRINTER.SYS,
NLSFUNC, SHELL, STACKS, SWITCHES, VDISK.SYS, XMAEM.SYS und
XMA2EMS.SYS.

Befehle zum Einrichten von Diskette/Festplatte:
FDISK, FORMAT, SELECT und SYS.

Befehle zum Zugriff auf Datei bzw. Diskette/Festplatte:
ASSIGN, ATTRIB, CHKDSK, DEL, DELETE, ERASE, FASTOPEN, LABEL, PRINT,
RECOVER, RENAME und VOL.

Befehle als Filter:
FIND, MORE und SORT.

Befehle zur Information:
DATE, MEM, TIME und VER.

Befehle zum Kopieren auf Diskette bzw. Festplatte:
BACKUP, COMP, COPY, DISKCOMP, DISKCOPY, REPLACE, RESTORE, VERIFY
und XCOPY.

Befehle zur Stapelverarbeitung:
CALL, CLS, ECHO, ERRORLEVEL, EXIST, FOR-DO, GOTO, IF, PAUSE, REM und
SHIFT.

Befehle zur Verwaltung von Verzeichnissen:
APPEND, CD, DIR, JOIN, MD, MKDIR, PATH, RD, RMDIR, SUBST und TREE.

Befehle für spezielle Probleme:
CHCP, COMMAND, CTTY, DEBUG, DOSSHELL.BAT, EDLIN, EXE2BIN, EXIT,
GRAFTABL, GRAPHICS, LINK und MODE.

2.2.1.2 Umlenkung und Verkettung

Umlenkung der Standardeingabe bzw. Standardausgabe:

Zur Umlenkung dienen die Operatoren >, >> und <:

>   Ausgabe zu einer Datei (Gerät) umlenken und neu schreiben.
>   DIR > PRN

>>   Ausgabe zu einer Datei umlenken und hintanfügen
>>   TYPE B.TXT >> NEU.TXT

<   Eingabe zu einer Datei (Gerät) umlenken.
<   SORT < NAME.TXT

< >   Eingabe- und Ausgabeumleitung in einer Zeile kombinieren:
< >   SORT < NAME.TXT > NAMESORT.TXT

Befehle durch Filterbefehle verketten:

Zur Verkettung dienen die Pipe | und die Filter FIND, MORE und SORT.
- Filterbefehle FIND, MORE und SORT erwarten die Eingabe von der Standard-Eingabeeinheit und legen die Ausgabe auf die Standard-Ausgabe-Einheit.
- Das Pipe-Symbol | (Alt-124) verkettet Dateien:
- Beim Verketten legt | temporäre Hilfsdateien mit dem Dateityp $$$ an, die nach der Verkettung wieder gelöscht werden:

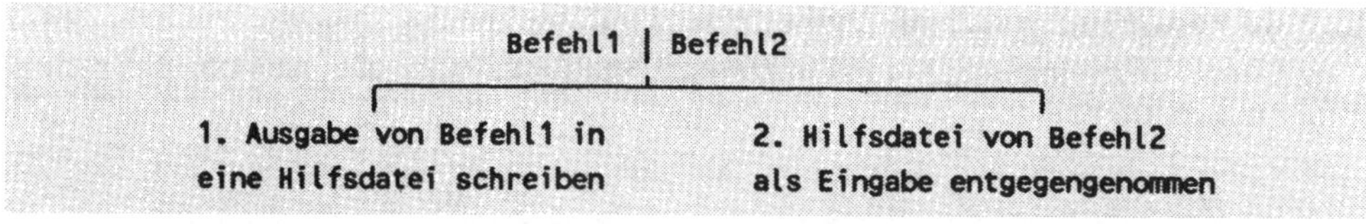

Beispiel zur Verkettung zweier Dateien: Über die Verkettung DIR | SORT wird das Directory im aktiven Verzeichnis sortiert ausgegeben. DOS geht dabei wie folgt in zwei Schritten vor:

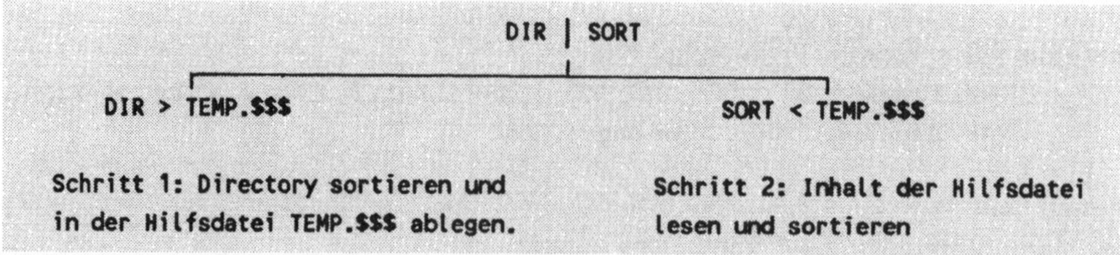

Schritt 3: Directory erscheint sortiert

Beispiel zur Verkettung von drei Dateien: Das Directory soll - bis auf die
TXT-Dateien - sortiert angezeigt werden.

```
                        DIR | FIND /v ".TXT" | SORT


   DIR > TEMP.$$$      FIND /v ".TXT" < TEMP.$$$ > TEMP.$$$      SORT < TEMP.$$$


 Schritt 1: Directory   Schritt 2: In TEMP.$$$ alle Textzeilen   Schritt 3: Inhalt
 sortieren und in       suchen außer den Zeilen, die ".TXT"      von TEMP.$$$ lesen
 TEMP.$$$ ablegen.      enthalten (=Eingabe) und die Teildatei    (=Eingabe) und
                        in TEMP.$$$ speichern (=Ausgabe).         sortieren.


                  Schritt 4: Directory erscheint sortiert
                           auf dem Bildschirm
```

Beispiel zur Verkettung von drei Dateien mit Ausgabeumleitung: Das sortierte Directory soll nicht auf den Drucker als Standard-Ausgabeeinheit
auszugeben, sondern in eine Datei namens DRUCK3.TXT.

```
            DIR | FIND /v ".TXT" | SORT > DRUCK3.TXT
```

2.2.2 Referenz zu den Zeilenbefehlen von MS-DOS

**Beschreibung der Befehle (bis Version 4.0 einschließlich) in drei Punk-
ten wie folgt:**

> *1. Zeile:*
>   Befehlswort: Befehlszweck, Befehlsart
>   (interner oder externer Befehl, Anwendung, DOS-Version).
> *2. Zeile:*
>   Allgemeines Format: Angaben in [] sind optional,
>   (...) für beliebig oft wiederholbaren Begriff,
>   / für entweder-oder, d: für Laufwerksangabe.
> *Ab 3. Zeile:*
>   Beispiele mit Befehlsaufrufen zu typischen Aufgaben.

ANSI.SYS   **Tastatur-Treiber (config.sys)**
device=ansi.sys [/k][/l][/x]

- device=c:\hilfe\dosbef\ansi.sys   Gerätetreiber aktivieren, der im Unter-
                                           verzeichnis abgelegt ist.

- device=ansi.sys /k   Erweiterte Tastatur nicht nutzen.
- device=ansi.sys /x   Erweiterte Tastatur nutzen (z.B. F11, F12).

APPEND   **Auf Dateien zugreifen (extern, ab 3.3)**
append d:Pfad [;[d:]Pfad ...]
append [/x:on/off][/e][/path:on/off]

- /e   Speichert Suchpfade im DOS-Umgebungsspeicher.
- /x:on   append-Suchpfad für search, first, find first und exec.
- /x:off   append-Suchpfad ist nicht mehr für path zu nutzen (Default).
- /path:on   append-Suchpfad auch nutzen, wenn ein Verzeichnis angegeben wurde.
- /path:off   append-Suchpfad für Verzeichnis bzw. Laufwerk nicht nutzen.
- path c:\tool\dbase   Ab jetzt kann man alle im Verzeichnis
  append /e   c:\tool\dbase abgelegten Dateien aufrufen,
  append c:\tool\dbase   als wenn sie im aktuellen Verzeichnis lägen.
- append \tool /x   Wie append \tool, gefolgt von path \tool.
- append ;   Alle Suchpfade wieder entfernen.
- append   Den aktiven Suchpfad anzeigen lassen.

ASSIGN   **Zugriff umleiten (extern)**
assign [x[=]y[...]]

- assign a=b   Von a: auf b: umleiten (dir a: zeigt b:).
- assign a=c b=c   Umleitung auf Festplattenlaufwerk c:.
- assign b=   Umleitung nur des Laufwerks b: aufheben.
- assign   Voreinstellung wiederherstellen.

ATTRIB   **Dateiattribute einstellen (extern)**
attrib [+r/-r][+a/-a] [d:][Pfad][Dateiname[.erw] [/s]

- +a   Archiv-Attribut gesetzt: Dateiänderung seit dem letztem xcopy/m bzw. backup.
- /s   Bezieht auch Einträge in Unterverzeichnissen mit ein (ab 3.3).
- attrib +r dd.txt   Datei dd.txt als "Nur-Lese-Datei".
- attrib -r dd.txt   Nur-Lese-Attribut entfernen.
- attrib +r -a dd.txt   Archiv-Attribut entfernen (bei xcopy /m
                                            und backup keine Dateikopie mehr).
- attrib +r *.com   com-Dateien vor Löschen schützen.
- attrib dd.txt   Aktuellen Status der Attribute anzeigen.

AUTOEXEC.BAT   **Spezielle Stapeldatei**

- copy con autoexec.bat   Datei erstellen und mit Ctrl-Z beenden.
- autoexec.bat   Beim Systemstart automatisch ausgeführt.

BACKUP   **Daten von Platte sichern (extern)**

backup d:[Pfad][Dateiname[.erw]] d:[/s][/m][/a][/f][/l]
[/d:Zeit][/t:Zeit]

- backup c:*.* a: Festplatte ohne Verzeichnisinhalte nach a:.
- backup c:*.* a: /s   Festplatte samt Verzeichnisse nach a:.
- backup c:*.* a: /s/f   Disk formatieren (ab 4.0 autom.).
- backup c:*.txt a: /s/m   Nur die geänderten txt-Dateien.
- backup c:*.pas a: /s/a   Dateien nach a: hinzukopieren.
- backup c:*.pas a: /s/d:1.1.89   Nach 1.1.89 geänderte Dateien.
- backup c:*.* a: /d:1.1.89/t:9.00   Nach 9 Uhr geänderte Dateien.
- backup c:*.* a: Logdatei backup.log in a: ablegen.

BREAK   **Abbruch prüfen (intern, config.sys)**

break [on/off]

- break on   DOS prüft jede Eingabe von Str-C oder
                                            Strg-Abbr (Standard off).

BUFFERS   **Pufferanzahl (config.sys)**
                                            (2-99 Dateipuffer)
buffers=Puffer [,Sektoren][/x]
- buffers=20   20 Pufferspeicher (durch select erzeugt).
- buffers=22 /x   Puffer im Expanded Memory speichern.
- buffers=25,8   8 Sektoren gleichzeitig lesen (Default=0).
Von DOS standardmäßig eingerichtete Anzahl von Diskettenpuffern: 3 (bis 128 KB RAM), 10
(bis 512 KB RAM) bzw. 15 (ab 512 KB RAM).

CALL   **Stapeldatei aufrufen (Stapel)**

call [d:][Pfad][Stapeldatei][Parameter]
- rem Befehl in stapel0.bat   stapel1.bat in stapel0.bat aufrufen,
  call stapel1   ausführen und mit stapel0.bat fortfahren.
- call sta77 a b   sta77.bat mit Parametern a und b aufrufen.

CD   **Verzeichnis wechseln (intern)**
cd [d:][Pfad]
- cd \   Ins Stammverzeichnis \ wechseln.
- cd c:\tool\dbase   Ins Unterverzeichnis \tool\dbase wechseln.
- cd c:tool\dbase   ... vom aktiven Verzeichnis ausgehen.
- cd c: Aktuelles Verzeichnis (Pfad) in c: anzeigen.
- cd ..   Ins übergeordnete Verzeichnis.

CHCP   **Zeichensatztabelle (intern, ab 3.3)**
chcp [Zeichensatztabelle]   chcp für "Change Code Page"
- nlsfunc c:\country.sys   Von bisheriger Default-Tabelle 437 zur
  chsp 850   mehrsprachigen Tabelle 850 wechseln
                                        (nlsfunc und mode prep vorausgesetzt).
- chsp   Aktive Landes-Zeichensatztabelle anzeigen.

CHDIR   **Wie cd (intern)**

CHKDSK   **Speicherstatusbericht (extern)**
chkdsk[d:][Pfad][Dateiname[.erw]][/f][/v]   *f=Fehler, v=Anzeigen*
- chkdsk c: Statusbericht mit einer Liste aller Dateien
                                        und Verzeichnisse für die Festplatte c:.
- chkdsk c:/v > prn   Statusbericht komplett ausdrucken.
- chkdsk a: /f   Disk prüfen, Fehler melden und korrigieren.

CLS   **Bildschirm löschen (Stapel)**
- cls   Bildschirm löschen (Farbe bleibt).

COMMAND   **Befehlsprozessor laden (extern)**
command [d:][Pfad][/p][/c Befehl] [/e:xxxxx] [/msg]
- command   Prozessorkopie in unveränderte Umgebung
                                        laden (Kopie später min exit verlassen).
- command /c dir a: dir a: mit Prozessorkopie ausführen (danach
                                        ist der Primär-Prozessor wieder aktiv).
- command /p   Befehlsprozessor permanent laden (alten
                                        Proz. überschreiben, autoexec.bat starten).
- command /p /msg   Zusätzlich System-Meldungen in den RAM.
- command /p /msg /e:640   Zusätzlich 640 B für Umgebungs-
                                        werte (Environment) reservieren.

COMP   **Dateiinhalt vergleichen (extern)**
comp [d:][Pfad][Dateiname[.erw]] [d:][Pfad][Dateiname[.erw]]
- comp dd.txt dd.sik   Dateien auf Gleichheit prüfen (nach copy).
- comp c:\tool\word*.pas b:*.bak   Vergleich aller pas-Dateien.

COPY Datei1 Datei2   **Dateien kopieren (intern)**
copy [d:][Pfad]Dateiname[.erw] [d:][Dateiname[.erw]] [/v][/b][/a]
- copy ddquell.txt ddziel.txt   dd.quell.txt nach ddziel.txt kopieren.
- copy c:ddquell.txt b:ddziel.txt   Von c: nach b: kopieren.
- copy c:\sprache\turbo *.pas b: Alle pas-Dateien nach b:.
- b:\tool>copy a:\p.pas   p.pas von a:\ ins Verzeichnis b:\tool.
- copy a:*.* b: /v   Kopien mit den originalen vergleichen.
- copy a:t.txt b: /a   ASCII-Datei bis zum 1. Strg-Z kopieren.
- copy a:t.bin b: /b   t.bin als Binärdatei kopieren.

COPY Datei1+Datei2 ... Datei **Dateien zusammenfügen (intern)**
copy [d:][Pfad]Dateiname[.erw] [+[d:][Pfad]Dateiname[.erw] ...]
   [d:][Pfad][Dateiname[.erw]][/v]
- copy dd1.txt+dd2.txt ddziel.txt   2 Dateien zu ddziel.txt zusammenfügen.
- copy dd.txt+dd2.txt   dd2.txt an Datei dd.txt anhängen.

COPY Eingabeeinheit Datei   **Eingabe von Einheit aus (intern)**
- copy con dd.txt ... strg-z   Text über Tastatur tippen (Ctrl-Z Ende).
- copy con autoexec.bat ...   Spezielle Stapeldatei eingeben.

COPY Datei Ausgabeeinheit   **Datei drucken (intern)**
- copy dd.txt prn   Text von dd.txt drucken (prn oder lpt1).
- copy dd.txt prn /a   ASCII-Datei bis zum 1. Strg-Z drucken.
- copy t.bin prn /b   Binärdatei (zum Beispiel eine formatierte
                                           Textdatei) mit Steuerzeichen ausdrucken.

- copy dd.txt con   Text am Bildschirm (Console) anzeigen.

COUNTRY   **Länderanpassung (config.sys)**
country=Landesnummer [,Zeichensatz [,Dateiname]]
Landesnummern: 049 D, 001 USA, 033 F, 032 B, 045 DK, 044 GBR, 039 I, 081 J, 002 CDN, 003
Lateinamerika, 031 NL, 047 N, 351 P, 046 S, 041 CH.
- country=049, 437   Deutsche Datums-/Zeitangaben (Default).
- country=049, 437, c:\hilfe\dosbef\country.sys   Anzugeben, wenn country.sys nicht im
                                           Stammverz. der Bootdisk. abgelegt ist.
- country=049, , c:\hilfe\dosbef\country.sys   Vereinfachung, da 437 Default.
- country=,,c:\country.sys   001 als USA-Landesnummer verwendet.

CTTY   **Standardeinheit ändern (intern)**
ctty Einheitenname   *(aux,com1,com2,con,ext,lpt1,lpt2,lpt3,prn,nul)*
- ctty prn   Drucker nun als Standardausgabeeinheit.
- ctty con   Wieder Standard (Tastatur/Bildschirm).

DATE   **Datum setzen/anzeigen (intern)**
date [tt.mm.jj]
- date 02.10.89   Neues Systemdatum festlegen.
- date   Aktuelles Datum anzeigen.

DEBUG   **Maschinenspracheeditor (extern)**
debug [Dateiname][SimulierteParameter]
- debug p.pas   Debugger ist mit p.pas zu berarbeiten.

DEL   **Datei löschen: wie erase (intern)**

DEVICE   **Einheitentreiber laden (config.sys)**
device=[d:][Pfad] Dateiname[.erw] [Parameter]
Einheitentreiber auf DOS-Diskette: ansi.sys (Tastatur, ab 2.0), display.sys (Bildschirm, ab
3.3), driver.sys (Diskette, ab 3.2), printer.sys (Drucker, ab 3.3), vdisk.sys (RAM-Disk, an 3.0),
xmaem.sys (IBM PS/2 EM-Adapter-Simulation (ab 4.0) und XMA2EMD.SYS (LIM-4.0-Trei-
ber, ab 4.0).
- device=ansi.sys   Bildschirm-/Tastaturtreiber installieren.
- device=c:\hilfe\dosbef\ansi.sys   Treiber in Unterverzeichnis suchen.

DIR   **Inhaltsverzeichnis zeigen (intern)**
dir [d:][Pfad][Dateiname[.erw]][/p][/w]   *mit w=wide, p=page*
- dir   Alle Dateien im aktiven Verzeichnis des
                                                 aktiven Laufwerks anzeigen.
- dir b: bzw. dir b:*.*   Alle Dateien des Laufwerks b: anzeigen.
- dir c:\hilfe\dosbef   Directory von c:\hilfe\dosbef anzeigen.
- dir /w/p   Directory breit und seitenweise anzeigen.
- dir b:dd.txt   Testen, ob Datei dd.txt in b: existiert.
- dir c:\tool\multip *.prg/w   Nur alle prg-Dateien anzeigen.
- dir b:*.* > prn   Directory von b: ausdrucken.
- dir b:*.* | sort > prn   Zuerst sortieren, dann ausdrucken.
- dir b:*.* | \hilfe\sort > prn   Der sort-Befehl ist im Pfad \hilfe abgelegt.
- dir b:*.* | find /v "<DIR>"   Directory ohne die Unterverzeichnisse.

DISKCOMP

diskcomp [d: [d:]][/1][/8]
- diskcomp a: b:
- diskcomp bzw. diskcomp a: a:

Disketteninhalt vergleichen (extern)
/1=1. Diskettenseite, /8=8 Sektoren
Anwendung nach diskcopy-Befehl sinnvoll.
Vergleich bei einem Laufwerk.

DISKCOPY

diskcopy [d: [d:]][/1]
- diskcopy a: b:

- diskcopy a: b: /1
- diskcopy bzw. diskcopy a: a:

Disketteninhalt kopieren (extern)

Von a: nach b: Spur für Spur kopieren (Ziel
in b: ggf. entsprechend a: formatieren).
Nur die 1. Seite der Quelldiskette von a:.
Diskettenkopie bei nur einem Laufwerk.

DISPLAY.SYS   Zeichensatztabelle (config.sys, ab 3.3)
device=display.sys con[:]=([Typ[,Zeichensatz][,n,m]])
Typ mit MONO, CGA, EGA und LCD. Zeichensatz 437, 850, 860, 863 bzw. 865 (siehe coun-
try.sys). n für Anzahl der Codes und m für Anzahl der Schriftarten.
Wichtig: display.sys darf in config.sys immer erst nach ansi.sys eingerichtet werden.
- device=c:\display.sys con:=(ega,437,2)   Für Konsole werden EGA-Bildschirm und
                                                bis zu 2 Zeichensatztabellen definiert.
- device=c:\display.sys con:=(,,2)   DOS setzt Typ und Tabelle selbst ein.

DRIVER.SYS   Blockeinheitentreiber (config.sys)
device=driver.sys /d:Laufw[/t:Spuren][/s:Sektoren][/h:Köpfe]
                [/f:Gerätetyp][/c][/n]
Parameter mit Defaults für den Gerätetreiber:

/d	Laufwerk (Drive)	A=0, B=1, C=2, ...	
/t	Spuren (Tracks) je Seite	1-999	(Default 80)
/s	Sektoren je Spur	1-99	(Default 9)
/h	Schreib-/Lese-Köpfe (Heads)	1-99	(Default 2)
/f	Gerätetyp (File) siehe unten		

Gerätetypen, die durch driver.sys unterstützt werden:

Gerätetyp	Laufwerk	Spuren	Sektoren	Tpi	Ab DOS-Version
7	1,44 MB	80	18	270	3.3
2	720 KB	80	9	135	3.2
1	1,2 MB	80	15	96	3.0
0	360 KB	40	9	48	2.0
0	320 KB	40	8	48	1.1
0	180 KB	40	9	48	2.0
0	160 KB	40	8	48	1.0

- device=driver.sys /d:3 /t:80 /s:9 /h:2 /f:1   richtet für einen AT mit zwei 1.2-MB-Disketten und Festplatte ein logisches 4. Laufwerk (d) mit 80 Spuren (t), 9 Sekt. (s), 2 Köpfen (h) und 1.2 MB (f) ein.

- device=driver.sys /f2   Externes zweites 3.5"-720 KB-Laufwerk für XT wird als Laufwerk d: installiert.

- device=driver.sys /f2
  device=driver.sys /f2   Ein und dasselbe Laufwerk erhält die logischen Laufwerksbezeichnungen d: und e:.

DOSSHELL
dosshell
- dosshell   .

Menü-Oberfläche rufen (Stapel, ab 4.0)
Stapeldatei dosshell.bat aufrufen
Das Hauptmenü der DOS-Shell erscheint.

ECHO
echo [on/off/Nachricht]
- echo off
- @echo off
- echo Diskette einlegen
- echo Fehlerhaft: < > |
- echo Steuersatz 14 %%
- echo
- echo Umschalt-Leertaste

- echo Papier wechseln > prn
- echo Klaus und > speicher.txt
  echo Tillmann sind da >> speicher.txt

Nachricht anzeigen (Stapel)

Nachrichten abschalten (on ist Standard).
@ verhindert Anzeigen dieses einen Befehls.
Nachricht "Diskette einlegen" zeigen.
> < | sind als Textausgabe nicht erlaubt.
Das %-Zeichen im Text doppelt angeben.
Zustand von echo (on oder off) anzeigen.
Leerzeile ausgeben (Umschalt gedrückt lassen und einmal die Leertaste tippen).
Texthinweis am Drucker ausgeben.
Zwei Textzeilen in der Datei speicher.bat durch Umleitung ">" ablegen.

EDLIN
edlin Dateiname [/b]
- edlin b.bin /b

Zeilentexteditor (extern)

b.bin als Binärdatei editieren.

ERASE
erase [d:][Pfad]Dateiname[.erw] [/p]
- erase b:dd.txt
- erase c:*.bat
- erase c:\tool\dbase *.*
- erase *.* /p

Dateien löschen (intern)

Eine Datei dd.txt in Laufwerk b: löschen.
Alle bat-Dateien entfernen.
Alle Dateien im Verzeichnis löschen.
Jede zu löschende Datei einzeln bestätigen.

EXE2BIN   **exe in com/bin ändern (extern)**
exe2bin [d:][Pfad]Dateiname[.erw] [d:][Pfad][Dateiname[.erw]]

EXIT   **Prozessorkopie verlassen (intern)**
exit
- exit   Die Kopie von command.com verlassen.

FASTOPEN   **Festplattenzugriff rasch (extern, ab 3.3)**
fastopen d:[=Dateianzahl] ...[/x]
fastopen d:[=(Dateianzahl,Extents)]...[/x]   *(ab 4.0)*
- fastopen c:=80   Die letzten 80 Zugriffe speichern.
- install=c:\fastopen.exe c:=80   fastopen schon in config.sys im RAM fest
                                             installieren (ab 4.0).
- fastopen c:=80 d:=80   Zugriffe auf c: und RAM-Disk d: verwalten.
- fastopen c:=80 /x   Info im Extended Memory ablegen (ab 4.0).
- fastopen c:=(80,150)   150 Extent-Caches verwalten (ab 4.0).
- fastopen c:=(,150)   Extent-Cache ja, Namens-Cache nein.

FCBS   **File Control Block (config.sys)**
fcbs = Maximum [Geschützt]   *(Dateiverwaltung vor 2.11)*

FDISK   **Festplatten-Utility (extern)**
fdisk
- fdisk   Festplatten-Partition menüorientiert
                                             anlegen bzw. verwalten.

FILES   **Zugriffsanzahl (config.sys)**
files=AnzahlDateien   *(Default=8)*
- files=20   Maximal 20 Dateien zugleich offen (8-255).

FIND   **Filterbefehl (extern)**
find [/v][/c][/n]"String" [[d:][Pfad]Dateiname[.erw]...]
Drei Parameter: /v=nicht enthalten, /c=enthalten und /n=Zeilennummern anzeigen.
- find "Klaus" b:dd.txt   Alle Zeilen mit String "Klaus" nennen.
- find /n "Klaus" b:dd.txt   Zusätzlich die Zeilennummern nennen.
- find /c /n "Klaus" b:dd.txt   Zusätzlich die Anzahl nennen (count).
- find /v "Klaus" b:dd.txt   Zeilen, die "Klaus" nicht enthalten, nennen.
- find /v "{" p.pas > pneu.pas   Datei pneu.pas ohne Kommentar speichern.
- dir | "<DIR>"   Nur die Unterverzeichnisse anzeigen.

FOR
Schleifenbildung (Stapel)

for %%Variable in (Menge) do Befehl

Schleifen-Schachtelung nicht möglich. Wird der for-Befehl im Direktmodus bzw. in der Menü-Oberfläche eingesetzt: % anstelle von %% schreiben.

- for %%a in (*.txt) do dir	Directory aller txt-Dateien anzeigen.
- for %%b in (1 2 3 4 5 6) do echo %%b	Zahlen 1-6 untereinander anzeigen.
- for %%c in (b1.txt b2.txt) do type %%c > prn	Zwei Textdateien ausdrucken.
- for %%c in (b1 b2) do type %%c.txt > prn	Wie oben, aber ohne Dateityp-Suche.

FORMAT
Diskette formatieren (extern)

format d: [/s][/1][/4][/8] [/v[:Name]]
*   [/b] [/4][/n:Sekt][/t:Spur] [/f:Kap]*

- format b:	Diskette in Laufwerk b: formatieren (Achtung: bisheriger Inhalt geht verloren).
- format b: s	Zusätzlich: System übertragen (bootfähig).
- format b: s/v	Zusätzlich: Datenträgerkennsatz eintragen.
- format b: /s/v:TEST	TEST als Kennsatz fest eintragen.
- format b: s/v/4	1,2 MB-Laufwerk: nur 360 KB formatieren.
- format a: /1	5.25"-Diskette einseitig formatieren.
- format c: /v/s	Partition der Festplatte formatieren.
- format b: /4	Diskette mit hoher Kapazität (1.2 MB).
- format a: /8	Nur 8 Sektoren je Spur (für CP/M-86).
- format a: /n:9 /t:80	720 KB in 1,44 MB-Laufw.: 9 Sekt., 80 Sp.
- format a: /f:720	Identische Vereinfachung zu: /n:9 /t:80.

Erlaubte Parameter bei den verschiedenen Diskettenarten (für IBM):

160/180 KB	/f, /s, /v, /1, /8, /b, /4
320/360 KB	/f, /s, /v, /1, /8, /b, /4
720 KB/1.44 MB	/f, /s, /v, /n, /t
1,2 MB	/f, /s, /v, /n, /t
Festplatte	/f, /s, /v

Erlaubte Werte für Parameter /f mit Angaben in KByte (ab 4.0):

/f:160, /f:180, /f:320, /f:360, /f:720, /f:1.2 oder /f:1200, /f:1.44 oder /f:1440.

GOTO
Verzweigung (Stapel)

goto [:]Sprungziel

Das Sprungziel muß mit ":" beginnen und allein in einer Zeile stehen. In der Befehlszeile bzw. im Programmstartbefehl (Menü-Oberfläche) ist goto nicht erlaubt.

- goto ende	Zur Zeile mit Sprungziel ende verzweigen.
- if %2 == 444 goto abbruch	Bedingte Verzweigung.

GRAFTABL

Grafikzeichensatz laden (extern)

graftabl [437/850/860/863/865 / /status / ?]

- graftabl ?	Parameter für graftabl auflisten lassen.
- graftabl	Grafikzeichen ASCII 128-255 in den RAM laden zwecks Anzeige im Grafikmodus.
- graftabl 850	Mehrsprachige Sonderzeichen hinzuladen.
- graftabl 860 /status	Zeichensatztabelle 860 wählen und zeigen.

Fünf unterstützte länderspezifische Zeichensatztabellen:

437=USA (Standard-IBM-Zeichensatz), 850=Mehrsprachige Zeichen, 860=Portugal, 863=Frankreich, 865=Norwegen.

GRAPHICS

Grafik-Druckertreiber (extern)

graphics [Druckertyp][Info][/r][/b][lcd][/printbox:Kennung]

- graphics bzw. graphics graphics	Grafiken auf IBM-Frucker ausgedruckbar.
- graphics color8 /b	color8-Typ; auch Hintergrund drucken.
- graphics color4 /i	color4-Typ; invers drucken.
- graphics thermal /lcd	Thermal-Drucker mit LCD-Bildschirm.
- graphics graphicswide	Grafikdrucker mit 11-Zoll-Papierbreite.
- graphics grafik2.pro	Standard-Profile-Datei graphics.pro durch Informationsdatei grafik2.pro ersetzen.

IF

Auswahlstruktur (Stapel)

if [not] Bedingung Befehl

- if errorlevel 1 goto ende	Fehlerstatus 1 als Bedingung.
- if exist dd.txt goto anf	Existenztest von dd.txt als Bedingung.
- if %1==Klaus goto text	Gleichheit von Strings als Bedingung.

INSTALL

Befehl resident halten (config.sys)

install=Dateiname [Parameter]

Über config.sys können folgende Programme bereits be der Systemkonfiguration im RAM resident installiert werden: fastopen.exe, keyb.com, nlsfunc.exe und share.exe (ab 4.0).

- install:c:\fastopen c:=80	Die letzten 80 Festplattenzugriffe merken.
- install=c:\hilfe\dosbef\keyb gr,437,c:\hilfe\dosbef\keyboard.sys	Tastatur einstellen.

JOIN

Verzeichnis umleiten (extern)

join   oder   join d: d:\Verzeichnis   oder   join d:/d   (3 Formate)

- join b: c:\neu	b: mit Pfad c:\neu verknüpft (Diskette als Verzeichnis \neu auf Festplatte umgelegt).
- join	Alle Verknüpfungen anzeigen.
- join b: /d	Obige Verpnüpfung wieder löschen.

KEYB   Tastatur anpassen (extern, ab 3.3)
keyb[xx[,[yyy],[[d:][Pfad]Tastaturdefinitionsdatei[.erw]]]][/id:ID]

- xx zur Tastaturcode-Angabe, yyy zur Angabe der Zeichensatztabelle (bei fehlender
  Angabe Standardzeichensatztabelle).
- Zeichensatztabelle 437 mit Tastaturen us, uk, fr, gr, it, sp, la, sv, su und nl.
- Mit Strg-Alt-F1 zur US-Tastenbelegung wechseln und mit Strg-Alt-F2 zurück.

- keyb	Zustand des Tastaturtreibers anzeigen.
- keyb gr	Zeichensatztabelle 437 (Standard) und deutsche Tastatur (keyboard.sys) gewählt.
- keyb gr,437, c:\hilfe\keyboard.sys	Tabelle in Verzeichnis \hilfe abgelegt.
- install=c:\hilfe\keyb.com gr,,\hilfe\keyboard.sys	Tastaturbelegung bereits in config.sys installieren (ab 4.0).

KEYBOARD.SYS   Tastaturdefinition (ab 3.3)
Tastaturdefinitionsdatei mit den Zeichensatztabellen für KEYB.COM.

KEYBxx   Tastatur für Land xx (extern, bis 3.2)

- kebgr	Deutsche (gr=german) Tastatur laden.
- keybgr e	e = erweitert (Tastatur XT/AT deutsch).

LABEL   Name von Platte ändern (extern)
label [d:][Name]   *(max. 11 Zeichen lang)*

- label c:festsystem	Festplatte erhält den Namen festsystem.
- label c:	Namen für c: mit Return-Taste löschen.

LASTDRIVE   Größte Laufwerksbez. (config.sys)
lastdrive=Laufwerksbezeichnung   *(a-z mit Default=e)*

- lastdrive=d	Ignoriert, da 5 Laufwerke a-e Default sind.
- lastdrive=p	Auf höchstens 16 Laufwerke kann gleichzeitig zugegriffen werden.

LINK   Objektdateien binden (extern)
link [Dateien,[EXE-Datei,[Kontrolldatei,[Bibliotheken]]] [Optionen][;]

- link	Linker starten zwecks Dialogeingabe.
- link test1;	Eine Datei test1.exe erzeugen.

MD   Verzeichnis erstellen (intern)

md [d:]Pfad

- md tool   tool als neues Unterverzeichnis zum aktiven
                                       Verzeichnis im aktiven Laufwerk anlegen.

- md c:tool   tool als Unterverzeichnis auf der Festplatte.
- md \tool   Unterverzeichnis zum Stammverzeichnis.
- md c:\tool\dbase\einkauf   Verzeichnis einkauf in c:\tool\dbase.
- md einkauf   Wie oben, falls c.\tool\dbase aktiv ist.

MKDIR   **Wie md; Make Directory (intern)**

MEM   **Freier Speicherplatz (extern, ab 4.0)**

mem [[/debug / /program]]

mem   Über Speicherplatz im RAM informieren.
mem /program   Auch residente Programme nennen.
mem /debug   Auch die Gerätetreiber nennen.

MODE   **Modus für Schnittstelle (extern)**

mode lpt#[:][n][,[m][,p]

- mode lpt1 132,8   1-132 Zeichen/Zeile bei 8 Zeilen/Zoll
                                       Vorschub für Drucker festlegen.

mode n oder mode [n],m[,t]

- mode 80,r   Bildschirm mit 80 Zeichen/Zeile und um
                                       2 Zeichen nach rechts verschoben zeigen.

mode comn[:]Baud[,Parität[Datenbits[,Stoppbits[,p]]]]

- mode com2:24,,,2   Schnittstelle com2 auf 2400 Baud, 2
                                       Stoppbits (sonst Standardwerte) einstellen.

mode lpt#[:]=comn

- mode lpt1=com2   Alle Druckaufträge an serielle Schnitt-
                                       stelle com2 umleiten.

- mode   Aktuellen Status von Mode anzeigen.

mode con rate=Tastaturwiederholungfrequenz delay=Verzögerung
mode con [cols=Spalten] [lines=Zeilen]

- mode con cols=80 lines=35   Bildschirm mit 80 Spalten, 35 Zeilen.
mode Einheit   *Zeichensatztabellen verwalten*
mode Einheit codepage prepare=((cp) Zeichendatei)
mode Einheit codepage select=CP
mode Einheit codepage [/status]
mode Einheit codepage refresh

MORE

more

- more < b:dd.txt
- type b:dd.txt | more
- dir c:\tool\dbase | more

Bildschirm-Filterbefehl (extern)

dd.txt bildschirmseitenweise anzeigen.
Wie oben, aber more über Pipe aufrufen.
Directory bildschirmweise ausgeben.

NLSFUNC

nlsfunc [Dateiname]

nlsfunc

nlsfunc c:\hilfe\dosbef\country.sys
install=c:\hilfe\dosbef\nlsfunc

Landesfunktionen laden (extern)
(National Language Support Funkctions)

country.sys als Standarddatei laden (Voraussetzung für chcp).
Datei explizit nennen und laden.
nlsfunc bereits in config.sys laden.

PATH

path [[d:]Pfad[[;[d:]Pfad]...]]

- path
- path c:\sprache
- path c:\hilfe\dosbef; a:util
- path c:\system; b:\system
- path ;

Verzeichnis-Pfad nennen (intern)

Aktuellen Suchpfad anzeigen.
In einem Pfad automatisch suchen.
Zwei Suchpfade in c: und in a:.
Identischer Pfadname in zwei Laufwerken.
Alle festgelegten Pfade entfernen.

PAUSE

pause [Bemerkung]

- pause Diskette wechseln
- pause

Unterbrechung (Stapel)

Unterbrechung mit Nachricht-Ausgabe.
Ausführungsunterbrechung ohne Nachricht.

PRINT

print [/d:Einheit][/b:Puffer][u:In Arbeit-Puls][/m:max.Pulszahl]
*   [s:Zeitscheibe][/q:Schlangengröße)]*   *erstmalig*
print [/c][/t][/p][[d:][Pfad][Dateiname[.erw.]...]   *später*

- print
- print dd.txt /c
- print /t
- print b:*.txt

Warteschlange drucken (extern)

Alle aktuellen Druckaufträge anzeigen.
Drucken von dd.txt stoppen (c=cancel).
Drucken insgesamt beenden (t=terminate).
txt-Dateien in die Warteschlange setzen.

Ausgabegerät lpt1 einrichten: 40 Dateien in Schlange (queue), Puffer 1024 Byte groß, Drukker-spooler mit 8 Taktzyklen (als Default) aufgerufen (dabei können jeweils maximal 200 Zyklen in Anspruch genommen werden), 5 Taktzyklen ohne Zeitüberschreitungsfehler warten.
- print /d:lpt1 /q:40 /b:1024 /s:8 /m:200 /u:5

PRINTER.SYS · Druckerzeichensätze (config.sys, ab 4.0)

device=printer.sys lpt Nummer[:] = Typ[,Zeichensatztabelle [,Anzahl]]

Länder-Zeichensatztabellen für Drucker 4201, 4202, 4207, 4208 und 5202 einrichten.

- device=printer.sys lpt1=4202,437,2)   Zwei Zeichensatztabellen für Drucker 4202.

PROMPT   Bereitschaftzeichen neu (extern)

prompt [Prompt-Definitionsstring]

- prompt $d pg   Datum, Pfad, Größerzeichen als Prompt.
- prompt ng   Laufwerk, Größerzeichen als Standard.
- prompt   Standard-Promptzeichen aktivieren.
- prompt $e[0;59;"dir *.* "p   Taste F1 mit dir-Befehl belegen.
- prompt $e[0;60;"dir *.* "13p   Taste F2 mit dir-Befehl belegen, der sogleich ausgeführt wird (ASCII-13=Return).

Zeichen für Prompt-Definitionsstring: Pipe $b, Datum $d, Excapezeichen (01bh) $e, Größerzeichen $g, Backspace $h, Kleinerzeichen $l, Laufwerk $n, Pfad $p, Gleichheitszeichen $q, Systemzeit $t, Versionsnummer $v, CR/LF-Sequenz $_ und Dollarzeichen $$.

REM   Bemerkungszeile (config.sys, Stapel)

rem Bemerkung

- rem Tastaturtreiber installieren   Diese Zeile bei der Ausführung ignorieren.

RD   Verzeichnis löschen (intern)

rd [d:]Pfad

- rd tool   Leeres Verzeichnis tool im aktiven Pfad.
- rd c:\tool\dbase util   util im Verzeichnis c:\tool\dbase.

RECOVER   Datei wiederherstellen (extern)

recover [d:][Pfad]Dateiname[.erw]

- recover b:dd.txt   Datei ohne Fehler-Sektoren lesen.
- recover a: Gesamten Disketteninhalt herstellen.

RENAME   Dateiname ändern (intern)

ren[ame] [d:][Pfad][Dateiname[.erw]] Dateiname[.erw]

- rename c: dd.txt dd1.txt   dd.txt in dd1.txt umbenennen.
- ren b:*.bak *.pas   Alle bak-in pas-Dateien umbenennen.

REPLACE

Platten-Dateien ersetzen (extern)

replace [d:][Pfad]Quelldateiname[.erw] [d:][Pfad][/a]
[/p][/r][/s][/w]

- replace b:*.bat c:\	Alle bat-Dateien im Zielpfad c:\ durch gleichnamige Dateien von b: ersetzen.
- replace b:*.bat c:\/s	In c:\ Dateien suchen und diese ersetzen.
- replace b:*.bat c:\/a	Im Zielpfad fehlende Dateien addieren.
- replace b:*.bat c:\/r	Auch "Nur-Lese-Dateien" mit all ihren Unterverzeichnissen im Zielpfad ersetzen.
- replace b:*.bat c:\/r/s	Kombination zweier Parameter.
- replace b:*.bat c:\p	Bei jedem Dateinamen pausieren: Benutzer kann einzeln ersetzen bzw. addieren.
- replace a:*.* c:\tool/w	Vor dem Start auf Tastatureingabe warten.

Ausgabe von errorlevel-Werten: 2 (Datei nicht gefunden), 3 (Pfad nicht gefunden), 8 (zu wenig Speicherplatz), 11 (Format ungültig), 15 (Laufwerk ungültig), 22 (DOS-Version ungültig), 50 (Read-Only-Datei) an die Stapelverarbeitung.

RESTORE

Gegenstück zu backup (extern)

restore d:[d:][Pfad]Dateiname[.erw.][/s][/p][/m][/n]
[/a:Datum][/b:Datum][/e:Zeit]

- restore b: c:*.*	Alle auf der backup-Diskette in b: gesicherten Dateien auf Festplatte zurückkopieren.
- restore b: c:*.* /s	Zusätzlich die Unterverzeichnisse.
- restore b: c:*.* /s /p	Zusätzlich bei geänderten und Nur-Lese-Dateien eine Sicherheitsabfrage vornehmen.
- restore b: c:\hilfe\stapel\b.bat	Eine einzelne Datei wiederherstellen.

REM

Bemerkung in Stapel (intern)

rem [Bemerkung]

- rem Dateiname w1.bat	Hinweis (bei echo off nicht angezeigt).
- rem	Zwischenraum zwecks Lesbarkeit.

RMDIR

Verzeichnis löschen (siehe rd)

SELECT

DOS installieren (extern)

select [menu]

- select menu	Platte formatieren; DOS-System kopieren; Dateien autoexec.bat, config.sys erstellen. Ab MS-DOS 4.4: Systemgeführter Dialog.

SET   Umgebungsvariable (intern)
set [Name=[Parameter]]

- set   Alle Umgebungsvariablen anzeigen lassen
                                         (zumindest comspec und path erscheinen).
- set anwend=\tool\dbase   Variable anwend erhält Pfad zugewiesen.
- set anwend=Tillmann   Tillmann als neuer Wert für anwend.
- set anwend=   Variable anwend wird gelöscht.
- set path=c:\hilfe\dosbef   Ein zusätzlicher Suchpfad definiert.

SHARE   Netzwerk installieren (extern)
share [/f:Dateigröße][/l:Sperren]
share /f:2048   2048 Byte (Default) zur Verwaltung von
                                         Netzwerk-Dateien bereitstellen.
share /f/1024 /l:40   Maximal 40 Dateien gleichzeitig zu locken.

SHELL   Befehlsprozessor laden (config.sys)
shell=[d:][Pfad]Befehlsprozessor[.erw] [/e:Umgebung] [/p] [/msg]
/e reserviert Speicherplatz für den Umgebungsspeicher (160-32768 Byte, Default 160 Byte).
/p startet autoexec.bat nach dem Laden des Befehlsprozessors jeweils neu.
/msg lädt Fehlermeldungen in den RAM (bei PC mit nur einer Diskette erforderlich).
- shell=c:\sys\command.com   Bei DOS-Start Prozessor von c:\sys laden.
- shell=c:\sys\command.com /e:512   Für Umgebungsspeicher 512 KB angeben.
- shell=c:\sys\command.com /e:512 /p   Prozessor command.com permanent laden.
- shell=c:\sys\command.com /e:512 /p /msg   Fehlermeldungen in den RAM laden.

Der shell-Befehl beeinflußt die Umgebungsvariable comspec nicht! Deshalb muß nach dem Laden des Prozessors in autoexec.bat die Variable comspec neu setzen. Sonst kann der Befehlsprozessor bei der Rückkehr nicht nachgeladen werden:
- set comspec=c:\sys\command.com   Prozessor-Name in comspec neu eintragen.

SHIFT   Parameter verschieben (Stapel)
shift   *Verschiebung um 1 bei Befehlsaufruf*
Bis zu neun Parameter %1 - %9 können an eine Stapeldatei übergeben werden. shift verschiebt die Parameterliste um eine Stelle nach links (%9 wird zu %8, und %9 wird somit verfügbar).
- shift   Befehlsaufruf verschiebt Parameter um 1.

SORT

Filterbefehl: Sortierung (extern)

sort[/r][+n]   *(r=absteigend; n=ab Spalte n; n=1 Def.)*
sort < Eingabedatei > Ausgabedatei   *(Übergabe an Ausgabedatei)*
MS-DOS-Befehl | Sort   *(sort als Filterbefehl)*

- sort < dd.txt   Sortierte Bildschirmausgabe von dd.txt.
- type dd.txt | sort   Identische Ausgabe über eine Pipe.
- sort < dd.txt > prn   Sortierte Datei ausdrucken.
- dir | sort /+14   Directory nach Dateigröße (wird ab Spalte
                               14 angegeben) sortieren.
- dir | sort /+14 /r   Zusätzlich: absteigende Sortierfolge.
- dir | sort /+1 /r   Nach Dateinamen sortieren (/+1 als Default
                               kann auch weggelassen werden).
- sort < dd.txt > ddsort.txt   Sortierte Datei als ddsort.txt speichern.

STACKS

Stack-Standardwerte (config.sys)

stacks=Stapel, Größe

- stacks=0,0   Default des Stapelrahmens (Stack Frame)
                               bei IBM PC/XT (Stapel 8-64 möglich).
- stacks=9,128   Default bei AT und PS/2.

SWITCHES

Standardtastatur (config.sys, ab 4.0)

switches=/k

- switches=/k   Erweiterte Tastatur als "alte" Tastatur
                               nutzen (z.B. zwecks Kompatibilität).

SUBST

Laufwerk -> Verzeichnis (extern)

subst d: d:Pfad [/d]   *(lastdrive beachten)*
- subst   Alle derzeitigen Ersetzungen anzeigen.
- subst e: c:\tool   Verzeichnis c:\tool durch e: ersetzen.
- subst e: /d   Die Ersetzung e: wieder löschen.

SYS

DOS auf Platte kopieren (extern)

sys dZiel: *(command.com nicht übertragen)*
sys dQuell: dZiel:

- sys b: Systemdateien MSDOS.SYS, IO.SYS bzw.
                               IBMDOS.COM, IBMBIO.COM nach b:.
- sys c: DOS-System auf Festplatte kopieren.
- sys a: b: Systemdateien von a: nach b: kopieren.

TIME   Systemzeit setzen, ändern (intern)

time [hh:mm:[:ss[.tt]]]

- time 10:45   Zeit auf 10:45:00.00 (10 Uhr 45 Minuten).
- time 10:50:30   Teit auf 10 Uhr, 50 Min., 30 Sek. korrigiert.
- time   Zeit anzeigen und Eingabeaufforderung.

TREE   Verzeichnisbaum zeigen (extern)

tree [d:][/f]

- tree   Verzeichnisbaum des aktiven Laufwerks.
- tree /f   Auch die Namen aller Dateien nennen.
- tree b: /f | more   Verzeichnisbaum von b: bildschirmweise.
- tree c:\ /f > verz.txt   Baum von c: komplett in verz.txt ablegen.
- tree c:\ /f > prn   Baum von c: komplett ausdrucken lassen.

TYPE   Datei im ASCII anzeigen (intern)

type [d:][Pfad]Dateiname[.erw]

- type b:dd.txt   Inhalt von dd.txt am Bildschirm zeigen.
- type c:\texte\a.txt | more   Inhalt bildschirmweise anzeigen.
- more < c:\texte\a.txt   Identisch mit vorhergehendem Befehl.
- type b:dd.txt > prn   Textdateinhalt ausdrucken lassen.
- type b:dd.txt > ddneu.txt   Datei nach ddneu.txt kopieren.
- type b:dd.txt >> ddneu.txt   Text an Inhalt von ddneu.txt anhängen.

VDISK.SYS   RAM-Disk-Treiber (config.sys)

device=[d:][pfad]vdisk.sys [Größe] [Sektorgröße] [Einträge]
[/e:MaxExt] [:x/MaxExp]

Größe   Kapazität der RAM-Disk von 1 KB bis RAM-Größe (Default 64 KB).
Sektorgröße   128, 256 oder 512 (Default 128 KB).
Einträge   Anzahl der Dateieinträge (Dateinamen) von 2 bis 512 (Default 64).
/e   Bei AT, PS/2 und 386-PC RAM-Disk im Extended Memory anlegen.
               MaxExt=1-8 Sektoren auf einmal aus RAM-Disk lesen (Default 8).
/x   Zuerst mit xma2ems.sys Expanded Memory einrichten, dann diesen
               anlegen und MaxExp=1-8 Sektoren einlesen (Default 8).

- device=vdisk.sys 64 128 64   RAM-Disk mit 64 KB Speicherplatz, 128
                                           Bytes/Sektor und maximal 64 Einträgen.
- device=vdisk.sys   Wie oben, da Standardwerte.
- device=c:\hilfe\dosbef\vdisk.sys   Treiber in Unterverzeichnis suchen.
- device=vdisk.sys 256 128 112   RAM-Disk mit 256 KB und maximal 112
- device=vdisk.sys Größe=256, Sektoren=128, Dateinamen=112   Identischer kom-
                                           mentierter Befehl, da DOS nur Zahlen liest.

VER

ver

Versionsnummer zeigen (intern)

VERIFY

verify [on/off]

- verify
- verify on

Aufzeichnung prüfen (intern)

Status anzeigen: Standard ist off.
Ab jetzt alle Schreiboperationen prüfen.

VOL

vol [d:]

- vol c:

Namen der Platte zeigen (intern)

Name der Festplatte anzeigen.

XCOPY

xcopy [d:][Pfad]Dateiname[.erw] [d:][Pfad][Dateiname[.erw]]
[/a][/d][/e][/m][/p][/s][/v][/w]:

Dateigruppe kopieren (extern)

- xcopy b:\ c:\

Von b:\ nach c:\ kopieren (nur die Dateien des Stammverzeichnisses werden kopiert).

- xcopy b:\ c:\ /s

Auch die Unterverzeichnisse kopieren (nur nicht-leere Unterverzeichnisse anlegen, /s).

- xcopy b:\ c:\ /s /e

Auch leere Unterverzeichnisse anlegen (/e).

- xcopy b:\ c:\ /s /e /a

Nur die seit xcopy bzw. backup geänderten Dateien kopieren (Archiv-Flag bleibt, /a).

- xcopy b:\ c:\ /s /e /m

Wie /a, aber das Archiv-Flag zurücksetzen.

- xcopy b:\ c:\ /s /e /p

Jede Dateikopie einzeln bestätigen (/p).

- xcopy b:\ c:\ /s /d:25.12.88

Nur die jüngeren Dateien kopieren (/d).

- xcopy b:\tool c:\/s

Dateien und Verzeichnisse unterhalb von b:\tool ins Stammverzeichnis c:\ kopieren.

- xcopy b:\ c:\ /v

Kopie überprüfen (/v für Verify).

- xcopy b:\ c:\ /w

Zuerst Diskettenwechsel abwarten (/w).

XMAEM.SYS

device=xmaem.sys [Seitenanzahl]

Expanded-Emulation (config.sys, ab 4.0)

Den 80286-Expanded-memory-Adapter/A für IBM-PS/2 auf 80386-Systemen emulieren.

- device=xmaem.sys
  device=xma2ems.sys ...

Der Treiber xmaem.sys ist vor xma2ems.sys zu installieren.

- device=xmaem.sys 32

Nur 32 Seiten Expanded Memory nutzen.

XMA2EMD.SYS

device=xma2ems.sys [frame=Adresse] [Pn=Adresse] [/x:Seitenanzahl]

EMS-Treiber (config.sys, ab 4.0)

- device=xma2ems.sys frame=d000 p254=c000 p255=c400 /x:8

ASCII-Code

The first hex digit selects the row (high nibble, `N-`), the second the column (low nibble, `-N`).

Hex	-0	-1	-2	-3	-4	-5	-6	-7	-8	-9	-A	-B	-C	-D	-E	-F
0-		☺	☻	♥	♦	♣	♠	•	◘	○	◙	♂	♀	♪	♫	☼
1-	►	◄	↕	‼	¶	§	▬	↨	↑	↓	→	←	∟	↔	▲	▼
2-		!	"	#	$	%	&	'	(	)	*	+	,	-	.	/
3-	0	1	2	3	4	5	6	7	8	9	:	;	<	=	>	?
4-	@	A	B	C	D	E	F	G	H	I	J	K	L	M	N	O
5-	P	Q	R	S	T	U	V	W	X	Y	Z	[	\	]	^	_
6-	`	a	b	c	d	e	f	g	h	i	j	k	l	m	n	o
7-	p	q	r	s	t	u	v	w	x	y	z	{	|	}	~	⌂
8-	Ç	ü	é	â	ä	à	å	ç	ê	ë	è	ï	î	ì	Ä	Å
9-	É	æ	Æ	ô	ö	ò	û	ù	ÿ	Ö	Ü	ø	£	Ø	×	ƒ
A-	á	í	ó	ú	ñ	Ñ	ª	º	¿	®	¬	½	¼	¡	«	»
B-	░	▒	▓	│	┤	Á	Â	À	©	╣	║	╗	╝	¢	¥	┐
C-	└	┴	┬	├	─	┼	ã	Ã	╚	╔	╩	╦	╠	═	╬	¤
D-	ð	Ð	Ê	Ë	È	ı	Í	Î	Ï	┘	┌	█	▄	¦	Ì	▀
E-	Ó	ß	Ô	Ò	õ	Õ	µ	þ	Þ	Ú	Û	Ù	ý	Ý	¯	´
F-		±	‗	¾	¶	§	÷	¸	°	¨	·	¹	³	²	■	

Quelle: IBM Deutschland, 94x9601

Sachwortverzeichnis